U0742181

王荣才　吴　红◎著

高职院校校企文化融通的探索与实践

GAOZHI YUANXIAO XIAOQI WENHUA RONGTONG DE
TANSUO YU SHIJIAN

本书为2015年安徽省振兴计划重大教学研究项目：「经济新常态下高职校园文化与企业文化融通的对策研究——以安徽省高职院校为例」（2015zdjy192）、安徽省高校人文社科研究重点项目「徽文化融入高校思想政治教育的对策研究」（SK2018A0906）阶段性成果

安徽师范大学出版社

·芜湖·

图书在版编目(CIP)数据

高职院校校企文化融通的探索与实践 / 王荣才,吴红著. — 芜湖 : 安徽师范大学出版社,
2019.4(2019.10重印)
　ISBN 978-7-5676-4042-9

Ⅰ.①高⋯ Ⅱ.①王⋯ ②吴⋯ Ⅲ.①高等职业教育—产学合作—研究—中国 Ⅳ.①G718.5

中国版本图书馆CIP数据核字(2019)第062474号

高职院校校企文化融通的探索与实践

王荣才　吴　红　著

责任编辑:舒贵波
装帧设计:丁奕奕
出版发行:安徽师范大学出版社
　　　　　芜湖市九华南路189号安徽师范大学花津校区
网　　　址:http://www.ahnupress.com/
发 行 部:0553-3883578　5910327　5910310(传真)
印　　刷:虎彩印艺股份有限公司
版　　次:2019年4月第1版
印　　次:2019年10月第2次印刷
规　　格:700 mm × 1000 mm　　1/16
印　　张:9
字　　数:120千字
书　　号:ISBN 978-7-5676-4042-9
定　　价:29.50元

前　言

随着我国进入新的发展阶段,产业升级和经济结构调整不断加快,各行各业对技术技能人才的需求越来越紧迫,高等职业教育的地位和作用越来越凸显。而且,随着高等职业教育理念的不断更新,校企合作领域的不断深入,文化差异性逐渐显露出来,特别是在推进校企合作办学长效机制建设、适应企业管理模式的运行、校企合作在文化上的融通等方面。从校园文化和企业文化的形成及内涵上看,校园文化注重的是办学水平和治学态度,而企业文化体现的使命是"国家利益至上,消费者利益至上"。这决定了校企文化共同发展方向是共性的,是可以互融的。

当前,文化自觉自信和安徽省文化强省战略为校企文化融通的研究指引了新方向,文化形式的多元化为校企文化融通的研究构筑了新思维,文化潜移默化的反作用力为校企文化融通的研究注入了新活力。随着安徽省经济的快速发展和人民生活水平的逐步提高,品牌将愈发受到重视,而文化对品牌打造的重要作用将愈发凸显,关注校企文化融通的社会各界人士必将增多。该书的出版将有利于高职院校进一步重视文化引领社会风尚的作用,通过开展系列文化惠民活动,丰富人民群众积极向上的精神文化生活,净化社会风气,不断为社会增加正能量;有利于高职院校校园文化吸收不同类型企业的优秀文化元素,从而打造出自己独具特色的高职院校校园文化,为学校事业的持续发展和人才培养提供强大的精神动力和智力支持,进一步提升学校核心竞争力,促进高职院校持续、快速、健康的发展;有利于高职院校根据地方特点和学校实际,更好更快地为地方经济社会发展服务,推动新型城镇化建设;有利于企业加强品牌建设,提升企业文化对员工的凝聚力和向心力。总之,我们希望通过自身努力,为高职院校校企文化融通的研究尽一份绵薄之力。

本书共十二章。第一章简要概述了高职院校校园文化与企业文化的涵义,分析了高职院校校园文化与企业文化的联系和区别。第二章从校企文化融通是提升高职院校整体办学水平的需要、是学生成长成才的需要、是实现毕业生"零距离"就业的需要、是服务地方经济社会发展的需要等四个方面阐述了高职院校校企文化融通的意义。第三、四章全面地叙述了安徽省高职院校校园文化与企业文化融通的现状和存在的问题。第五章到第十章是本书的重点,针对安徽省高职院校校企文化融通中存在的问题,提出要立足现状,从准确定位校企文化融通关键、文化育人提升校企文化融通认知度和认同感、产教融合推进校企文化融通、技能大赛拓展校企文化融通、创新创业引领校企文化融通、信息化建设提升校企文化融通实效等方面探索高职院校校企文化融通的路径。第十一、十二章对安徽机电职业技术学院校企文化融通的实践探索进行了详细梳理。每章内容都关注当今产业文化研究的热点问题,并结合安徽省高职院校校企文化融通的调研情况阐述方式方法,提升高职院校校企文化融通的针对性和实效性。附录部分提供学习参考。

本书可作为希望了解产业文化特别是校企文化融通的社会各界人士的通俗读物和自助读本;可供高职院校和应用型本科院校校园文化建设借鉴参考,为企业文化建设寻找支撑;可供从事大学文化研究、企业文化研究人员和企业管理人员参考,为相关教育部门作决策时提供参考依据。

本书在撰写过程中,参阅了相关专著和研究论文,汲取了其中的精粹。在本书出版之际,谨向上述专著和研究论文的作者表示衷心感谢!并向在撰写过程中给予支持和帮助的专家表示诚挚的谢意!本书内容是"经济新常态下高职校园文化与企业文化融通的对策研究——以安徽省高职院校为例"课题组三年多来研究的积累,其中渗透了课题组在校企文化融通研究方面的教科研成果,但由于才疏学浅,书中难免会有不足之处,敬请专家和读者批评指正。

吴　红

2019 年 1 月于安徽芜湖

目 录

第一章 概 论

高等职业教育是与社会经济发展联系最为紧密的一种教育类型。随着我国经济由高速增长阶段转向高质量发展阶段,供给侧结构性改革深入推进,经济结构不断优化升级,从要素驱动、投资驱动转向创新驱动,社会对专门培养高素质技术技能人才的高等职业教育提出了更高的需求,即高等职业教育要更贴近实际、贴近企业,要迅速适应企业的管理需求,要让毕业生实现"零距离"就业。但事实上,大多数毕业生在刚上岗后,不能迅速完成从学生到企业员工的角色转变,致使毕业生就业的磨合期变长,即使有一技之长也可能因为无法适应企业管理制度而逐渐被企业淘汰,不能发挥出应有的才干。所以,在当前高等职业教育以社会需求为导向、以服务地方发展为宗旨的背景下,我们需要着力创建良好的校园文化,实现校企文化的融通。在选择和吸收优秀企业文化的过程中,如何适应按市场需求突出职能的目标,如何从传统封闭的校园文化向开放型的校园文化转型,如何践行毕业生与市场无缝对接,如何主动服务地方经济社会发展,已经成为我们不得不思考的重要问题。

第一节 高职院校校园文化与企业文化的涵义

一、高职院校校园文化

校园文化是包含在母概念"文化"之中的。"文化"的内涵丰富,有学者认为,文化是凝结在物质之中又游离于物质之外的,能够被传承的国家或民族的历史、地理、风土人情、传统习俗、生活方式、文学艺术、行为规范、思维方式、价值观念等,它是人类相互之间进行交流的普遍认可的一种能够传承的意识形态,是对客观世界感性上的知识与经验的升华。也有学者认为,文化是一种制度,该制度通过分享同一种象征物、意识、价值观、神话、典礼、仪式、习惯、语言、传说、故事、制度理念、样式和建筑物来表达情感的诸多方面。不管“文化”有多少种定义,但有一点是很明确的,即文化的核心问题是人。有人才能创造文化,文化是人类智慧和创造力的体现。人创造了文化,也享受文化,同时也受文化约束,最终又要不断地改造文化。

由于文化的内涵丰富,相应地对于如何界定校园文化的内涵也有不同见解。目前比较有代表性的主要有以下三种:第一种是从狭义上来界定校园文化,认为校园文化是一种活动或一种精神生活,主要指开展学校教育所短缺的艺术教育以及各种文化活动,从而提高学生的文艺素养,包括学生中的各种社团活动等。第二种是从广义上界定校园文化,认为校园文化属于文化发展的一个过程、一个部分、一个整体、一个自我调节系统,包括文化的创造(实践)、整合(教育)和运行(再实践)。第三种是从广义、狭义两方面下定义。就其广义而言,校园文化是指校园中这一特定人群的生活方式的综合,具有为整个群体共享的倾向。就狭义而言,校园文化是指教学大纲规定的、课堂教学过程以外的校园生活的存在方式。

综合以上各种观点,校园文化的内涵可以理解为:校园文化是一所学校在发展过程中不断积淀形成的、由校园主体不断创造的思想观念和行为方式。校园文化由校园物质文化、校园制度文化、校园行为文化和校园精神文化四部分组成。它既包括师生的精神境界、价值取向和行为准则,也包括学校的历史传统、校园风貌和一定的物质形态。校园物质文化包括校园的环境与建筑的景观和特色以及图书馆、教学楼、宿舍、食堂等公共场所室内外的布置和氛围等。校园制度文化包括教学和管理制度及学生守则、行为规范、文明公约、社团章程等。校园行为文化包括教学及其各种管理活动、文娱体育活动、勤工俭学、科技制作等。校园精神文化包括校训、校风、教风、学风和各部门的工作作风等。

高职院校校园文化是校园文化的一个下位概念,是基于高等职业教育这一特定教育类型,因其自身在办学理念、办学模式、人才培养模式等方面的独特个性,逐步形成了独具一格的校园文化。因此,高职院校校园文化是指存在于高职院校特定区域内,伴随发展历程逐渐形成的以价值观念、行为模式和生活方式为内涵,以高职院校校园为载体,以师生为主体,通过继承和创造而积累的物质成果和精神成果的总和。高职院校校园文化属于亚文化范畴,是与社会文化既相互联系又相互独立的文化体系,是高职院校办学理念、个性风格以及人文精神的综合体现。高职院校校园文化也应当包括:高职院校物质文化、高职院校制度文化、高职院校行为文化和高职院校精神文化四个方面。

二、企业文化

与校园文化的概念一样,企业文化的概念也有很多种,不同的学者有不同理解。有学者认为:企业文化是企业在长期生产经营活动中所逐渐形成的并为广大员工恪守的经营宗旨、价值观念和道德行为准则的综合。也有学者认为:企业文化是企业长期形成的共同理想、基本价值观、作风、生活习惯和行为规范的总称,是企业在经营管理过程中创造的具有本企业特色的精神财富的总和。

分析学者各种观点,我们可以对企业文化做如下定义:所谓企业文化是指企业员工在从事商品经营活动中所共同具有的理想信念、价值观念和行为准则,是外显于厂风厂貌、内显于员工心灵中的以价值观为核心的一种意识形态,是一个组织或企业在自身发展过程中形成的以价值观为核心的独特的文化管理模式,是一种凝聚人心以实现自我价值、提升企业竞争力的无形力量和资本。

企业文化的主要内容是企业价值观、企业精神、企业经营之道、企业风尚、企业员工共同遵守的道德行为规范。企业文化的核心是企业成员的思想观念,它决定着企业成员的思维方式和行为方式。因此,企业文化不是企业发展的最直接的因素,但却是最深沉最持久的决定因素。

第二节 高职院校校园文化与企业文化的联系

企业文化的概念起源于西方国家,是一种企业管理理论。企业文化具有激励凝聚、协调约束、节约成本、教育等功能,随着经济的全球化和市场分工的细致化,企业的竞争已经由资源、企业能力或人力资本要素转向制度和文化的竞争,在微观层次上企业文化成为影响企业竞争力的核心因素。校园文化是校园文化主体创造出来的精神财富和物质财富的总和,包括物质文化、制度文化、行为文化和精神文化。高职院校校园文化有规章制度、人文环境、专业体系特色和对外形象四个维度。在当前形势和高职院校"双一流"建设的激烈竞争态势下,高职院校在人才培养和促进就业方面主动服务地方企业,在产教融合、校企合作办学、企业实习等模式和创新深化合作交流等方面不断深化与企业的融通,促使大学生传达的校园文化与企业环境下的企业文化的碰撞与交流与日俱增,两种文化在发挥目标导向、激励约束和创新创造等方面的关联度大大加强。

一、文化基础相同

高职院校校园文化和企业文化都属于社会文化中的亚文化,都是组织文化、管理文化,都以人为中心、以人为着眼点,都关心人、理解人、凝聚人,重视人的价值,重视人的发展和素质的提高。高职院校校园文化是指以学校师生员工为主体,在教学、管理、科研等各种活动过程中所创造和形成的财富,是一所学校历史的积淀和底蕴,是一所学校的象征。企业文化是企业在长期的生产经营实践过程中逐步形成的价值观、信念、行为准则,是企业在经营过程中所共同遵循的、反映企业意志的价值观念。它是一个企业的灵魂,体现企业独特的文化氛围和核心价值观。高职院校校园文化与企业文化均分为物质文化、制度文化、行为文化和精神文化四个层次,其中精神文化是各自的核心内容;制度文化即科学的管理制度,既是维持学校和企业正常运行的基本保证,也是调动人的积极性的关键;行为文化是以活动作为载体,促进建立和谐人际关系和团队精神;物质文化是以先进的设施作为基础,为人们创造良好的生活、学习和工作环境。从以上四个方面来看,高职院校校园文化和企业文化的结构和文化基础是一致的,这为高职院校校企文化的融通提供了理论依据。企业文化和校园文化都是企事业单位的灵魂,它具有明显的导向作用,它对企业或校园的发展方向、价值观念和行为取向具有引导作用。如果没有它,企业或学校就等于没有灵魂。塑造企业文化或校园文化就是要总结提炼出自己的核心价值理念,明确自己的灵魂所在,最终用来指导企业或学校做什么、怎么做,让这个灵魂发出无声的命令、发出心灵的呼唤、发挥无形的推动作用。这种作用具体体现在企业文化或校园文化对企业或校园的发展目标具有规定性,企业文化或校园文化决定企业或校园的价值判断等。

二、作用相同

从校园文化与企业文化的功能来看,它们都是在一定区域内用一种无形的文化力量对本区域内的人的行为准则、价值观念和道德规范起着导向、激励和潜移默化的作用。因此,从发展的高层次来看,校园文化和企业文化都代表着自己独具特色、最核心的东西。校园文化和企业文化建设的最终目的都是为了适应需要,增强管理后劲,提高核心竞争力,都在于发挥文化软实力在凝聚、激励和约束等方面的作用。一是凝聚作用。企业家或教育家都希望把自己的企业或学校建设成一个同心同德的团队,这单靠物质刺激和管理制度很难做到。而文化具有很强的凝聚力,它可以把各个方面、各个层次的人都团结在自己的周围。企业文化或校园文化要求把个人目标同化成集体目标,把建立共享的价值理念当成重大历史任务来完成。一方面要坚持对员工或师生的理想追求进行引导和教育,使整个企业或学校形成一个由共同价值理念凝聚起来的组织;另一方面这些价值理念会生长发育成一种文化习俗,形成一种强烈的文化氛围,起到凝聚作用。这种凝聚作用是企业或学校发展目标、物质条件、人际关系、领导素质等因素的综合体现,是一种强大的精神力量。二是激励作用。物质激励到一定程度就会出现边际递减现象,而来自精神的激励则更持久、更强大。企业文化或校园文化作为一种思想意识和社会道德一样,是人的价值理念,能形成一种良好的精神激励。企业文化或校园文化的这种激励作用是通过以人为本的软性管理,强调尊重人、相信人,最大限度地挖掘人的潜能,激发人的积极性和创造性,使他们以主人翁的姿态关心企业或学校的发展,贡献自己的聪明才智。三是约束作用。企业或学校在运行过程中都必须对员工或师生行为进行规范,这是强制性的硬约束,是"外在的约束"。但除了这种硬约束外,还需要一种思想性的"软约束"即内在的约束。这种内在的约束就需要通过企业文化或校园文化来实现。企业文化或校园文化是一种无形的、非强制性的约束力量。它能够弥补规章制度的不足,有利于排除制度管理上的某些潜在障碍。比如企业或学校为了实现有效的管理,需要运用经济的、行政的、纪律的手段来进行管理。但这些手段也有其局限性,不可能包罗万象,总有这样那样的疏漏,总存在程度不同的强制性。企业文化或校园文化是一种群体行为规范,它对员工或师生有一种无形的群体压力。这种压力包括舆论压力、理智压力和感情压力。一方面它通过将共同的目标内化为个人目标,以看不见摸不着的形式规范约束员工或师生的个人行为;另一方面受企业文化或校园文化影响和熏陶的员工或师生会自觉地约束个人的言行,使自己的思想、感情和行为与单位的发展方向保持一致,不管人前人后、领导在与不在、有无检查都能自觉地按规范要求办事,从而提高单位的发展水平。

三、特点相同

校园文化和企业文化都具有普遍性和差异性,有学校和企业就有校园文化和企业文化,但对具体的学校和企业而言,校园文化和企业文化又存在差异,各具特色。同时,校园文化和企业文化作为社会文化的分支,当然会受到社会文化的深刻影响,总是要主动吸纳社会文化中对其有用的东西,因而都具有适应性。企业文化或校园文化可以把员工或师生的智慧不断开发出来,产生一种推动力——创新推动力。创新包括管理创新、机制创新、技术创新等,是企业或学校生存和发展的动力。卓越的企业文化或校园文化就在于激励员工的创新精神。这种创新不是一次、两次创新,而是持续不断地创新;不是少数人的创新,而应该是全员创新。只有这样,企业或学校才能有长盛不衰的活力。因此,企业和学校都需要管理创新、科研创新和制度创新。我们常说内强素质、外树形象,就是指内在的精神素质与外部的形象美化是相辅相成的。企业或学校通过文化建设对内可以加强信息沟通、交流感情、互相学习、互相帮助、融洽关系,形成团结协助、奋发向上的组织气氛;对外通过塑造良好的企业家或教育家形象、员工教师形象、环境形象、产品形象或毕业生形象,进而在社会上产生辐射作用,提高和扩大企业或学校的美誉度、知名度。

总的来说,高职院校校园文化与企业文化是相互影响、相辅相成的。高职院校是直接为社会各类企业培养各种技术技能型人才的基地。企业文化中有许多东西值得高职院校学习和借鉴。高职院校在建设校园文化中学习和借鉴企业文化不仅有利于丰富高职院校校园文化,更有利于高职院校为各类企业培养和输送人才。高职院校校园文化既可以借鉴企业文化的先进理念,又可以以毕业生为介质,对企业文化起到辐射作用,产生积极影响。从培养目标上看,高职院校培养的是面向生产一线的技术技能型人才,多数学生毕业后将进入企业一线,从事技术技能型工作,接受企业文化的熏陶。从培养模式上看,高职院校推行的校企合作等模式,改变了以往以学校理论教学为主的培养模式,使得学生在校学习的场所由原来的课堂扩大到企业的车间、实验室等,从而保证了学生在企业顶岗实习、在实训基地实践操作的实践机会,这必然要求高职院校学生走出校门,主动面向企业、服务企业。高职院校与企业的这种天然联系,决定了两种文化必须相融通。

第三节　高职院校校园文化与企业文化的区别

一、价值观不同

学校是培养人的地方,学校的办学风格大多注重理论和学术。学校办学的主要目的是帮助学生形成健全的人格,掌握必要的知识和技能,使学生成为一个对社会、对人民有用的人。衡量一所学校办学是否成功,就是看其培养的学生是否符合社会的需要,是否满足社会的需求。所以,从这个意义上讲,学校追求的最大目标是社会效益。而校园文化隶属于学校,所以其价值取向也应建立在社会效益上。企业则不同,创办企业更多的是为了追求经济价值,以创造经济效益为主要目的。衡量企业是否成功主要看其经济指标。企业文化建设的目的就是要通过企业文化这一载体把企业员工统一到如何为企业创造更多的经济价值上来,促使企业员工为企业创造出更多的经济价值。如果企业文化起不到这一作用,就失去了存在的意义,企业家也不可能让其存在。所以,企业文化的价值取向是创造经济效益。

二、目标不同

校园文化是一种教育文化,学校的最高目标是如何有效地利用各种资源,培养更多更好的人才,为社会创造更多的科技成果,以最大限度地满足社会需要。因此,有人说校园文化是一种做人的文化。校园文化建设目标主要是:以校风、教风、学风建设为核心,以优美的校园环境、多彩的文化生活、高雅的艺术情趣、浓厚的学术氛围、科学的人文精神,形成催人奋进的学校精神、科学民主的价值理念、导向正确的舆论环境,使学校形态、文化神态、师生心态内外和谐,办学实力、学校活力、文明魅力刚柔相济,促进学校的全面、协调和可持续发展。而企业文化则是一种经营文化,企业文化建设的最高目标和最终目的是为社会提供良好服务的同时追求利润和效益的最大化。与校园文化是一种做人的文化不同,企业文化应该是一种做事的文化。在一个具体的企业中,企业文化大致体现在企业历史传统、企业价值观和理念、企业的管理风格和特色、员工的文化素质和行为规范、企业的物质设施建设、企业独特的文化仪式和活动、企业的社会形象等七个方面,创建优秀的企业文化则要考虑以下五个主要因素:提炼价值理念、树立模范人物、规范文化仪式、拓展沟通渠道、塑造企业形象。

三、主体要求不同

校园文化的主体是师生员工。学校要求全校教职工都有较高的文化水平,学生在校期间完成学业。其中,学校领导是一所学校校园文化的倡导者和支持者,教师和学生是校园文化的创造者和享受者,学生是校园文化建设的主力军。管理服务人员的管理理念、服务态度等都会对校园文化建设产生一定影响。而企业文化的主体是企业员工。企业要求全体员工都具有解决实际问题的能力。在企业的主体中,高层决策者是企业文化的第一倡导者和传播者,企业员工是企业文化的创造者,中层管理者作为高层决策者和广大职工的中介者,在企业文化建设中起着桥梁和纽带作用。

四、行为特色不同

学生在校的学习活动通常由学校安排,比如上什么课、学什么内容、参加什么活动,都按照老师和学校的要求去做,因此,学生主要是按部就班地上好课,主动性不强。但是,在学校,只要不违反校纪校规,课外时学生比较自由、随意,时间上有一定的弹性。而企业对员工有一套自己的严格的规章制度,时刻约束着企业员工。但在管理上往往只给出工作要求与目标,至于如何去实现,由员工自己设法解决。因而,企业员工经常能打破常规,创造出新的产品。可以说企业重视的是执行力:企业执行力是指企业的各个层次、部门、岗位的员工贯彻执行经营者指定的战略决策、方针政策、方案计划,并最终实现企业战略目标的能力。

五、工作模式不同

在高职院校学习的学生主要是为了丰富自己的知识,实现个人追求,不断完善自己,强调的是个性。企业则要求员工脚踏实地、勤奋工作,要吃苦在先,能吃苦才能得到企业的价值认同。在企业员工脚踏实地工作的同时,企业也要求员工团结协作,注重团队精神。一是脚踏实地、勤勤恳恳、老老实实工作,叫干什么就干好什么;二是树立以公司为家的思想,和公司荣辱与共,忠诚地为企业服务;三是在适当的时机,提出合理化建议。

要详细了解高职院校校园文化与企业文化的区别可以阅读表1-1。

表1-1 高职院校校园文化与企业文化的区别

比较内容	校园文化	企业文化
价值观	重理论,学术水平至上	以盈利、效益为主
目标	培养人才,注重科技成果	企业价值最大化
主体要求	理论水平高、学历高	以解决实际问题为主
管理风格	宽松、有弹性	严格,以管理体制为中心
行为特色	随意、自由,按部就班	约束,经常打破常规
解决问题	解决关键技术,研制原型	解决所有问题,包括非关键因素,研制产品
成果要求	技术水平、原型演变	产品能使用、实用
工作模式	个人奋斗,强化个性	群体协作,强调团体
追求	人人追求学业	个人追求事业发展和经济利益

第二章 高职院校校企文化融通的意义

校园文化是一所学校在发展过程中积累起来的,体现对教师和学生的价值取向以及一种社会意识、群体心理和行为规范的物质文化、制度文化、行为文化和精神文化的总和。企业文化是一种管理文化,体现了经济与管理的结合。校园文化最高的目标是如何有效地利用各种资源来培养更多更好的人才,是一种使命文化;而企业文化最高的目标是为社会提供良好的服务和追求利益最大化,是一种责任文化。两种文化融通更有利于培养符合社会和市场需求的高素质技术技能人才。

对于高职院校来说,只有吸收优秀的企业文化,在校园文化建设上和企业文化进行融通,让学生在校园内就接受企业文化元素的熏陶,及早具备"企业人"所具备的素质,才能完成社会赋予高职院校的任务与期望,才能提高社会的认可度,才能创建出具有职业特色的校园文化,才能使高职院校在日益激烈的竞争中占据一席之地,才能真正促进高等职业教育的健康发展。

第一节 校企文化融通是提升高职院校整体办学水平的需要

高等职业教育是与社会经济发展联系最为紧密的一种教育类型,高职院校以"培养面向企业生产、建设、服务、管理第一线的高素质技术技能型人才"为己任。高职院校要在竞争激烈的教育市场中求得生存和发展,就要在以服务为宗旨、以就业为导向的前提下,吸收现代企业优秀文化理念,创建自己的办学特色。它是一所高职院校区别于其他大学的特点和核心竞争力,体现其办学的个性化特征。具体表现在办学理念、培养定位、专业特色、管理特点等方面的差异上,但最终还是通过校园文化体现出来。另外,许多成功企业的创新精神、质量意识、营销观念和绩效考核体系等也有许多可取之处,学校应主动向企业学习,学会经营,善于管理,从企业文化中吸取更多对学校发展有用的东西。

高职院校校园文化建设要充分体现"高等教育"和"职业教育"的双重二元耦合特征,深入挖掘学校悠久的办学历史、深厚的文化底蕴,不断提高学校文化的层次和品位;同时积极吸收艰苦奋斗精神、自主创新意识等企业文化的灵魂和精髓,促进高职院校更新教育理念,丰富校园文化内涵。总之,校企文化融通有利于高职院校形成良好的校园学习氛围,更好地开展教育教学工作,紧扣"人才培养、科学研究、社会服务、文化传承"等四大功能,科学定位、彰显个性,提升整体办学水平。

校企文化融通有利于形成高职院校的办学特色。办学特色是一所院校在长期办学过程中积淀形成的、本校特有的、不同于其他学校的独特优质风貌。因此,办学特色具有"百花齐放"和鲜明的个体性。办学特色既可以体现在办学指导思想和目标上,也可以体现在专业设置、教学特色和育人方略上,还可以体现在课程规划、教学安排、实习实训等方面。没有特色将难以长久生存发展。对于高职院校来说,只有在文化建设上吸纳各种类型企业优秀的文化成果,才能形成自身独具特色的高职院校校园文化,并促进高职院校办学特色的形成。

校企文化融通有利于自身建设与发展。任何一种主流文化都是在多维化发展的过程中,通过学习、分析、提炼和总结,逐步形成自己的核心精神和方向的。主流文化可以相互借鉴,更有融会贯通之处。在专业性较强的高职院校,校园文化建设过程中融入企业文化可以带动以工促学教育思想、教育管理的变革以及教育方法上的渗透,使学生产生积极的情感和创造意识,从而有效提升学校的专业化办学水平。校园文化吸收企业文化的优势和长处,有利于打造出自己独具特色的高职院校校园文化,从而为高职院校的持续发展和人才培养提供强大的精神动力和智力支持,进一步提升学校核心竞争力,促进高职院校的全面、健康、持续发展。

第二节　校企文化融通是学生成长成才的需要

高职院校应积极主动与企业建立相互合作关系,充分整合学校和企业文化资源,使企业更多地参与教育教学过程,走"校企合作、工学结合"的办学方式,共同育人。校企文化融通有助于培养学生良好的道德素质和正确的价值观,可以更好地引导学生应对给予和接受、公平效率、合作竞争的相互关系,加深对不同文化和不同社会阶层的理解,纠正他们的认知偏差;有助于学生在特定的技能培训中发现自身存在的问题,在此基础上深入地分析问题,寻求解决问题的路径和方式,提升职业能力和综合素质,从而为将来的职业生涯夯实基础。

校企文化融通可以塑造良好品德,有利于高职生成人。国务院在《〈国家中长期教育改革和发展规划纲要〉职业教育专题规划》(2010—2020年)中明确提出:"职业院校要增强德育工作的针对性和实效性,进一步深化德育课课程改革,将社会主义核心价值观融入职业教育全过程,突出以诚信敬业和社会责任感为重点的职业道德教育。""重视学生学习能力、创新能力和创业能力的培养,大力提高学生的职业素质。"由此可知,职业道德和职业素质是学生素质的组成部分,培养高职院校学生良好的职业道德和职业素质是高职院校学生发展不可缺少的一部分。职业道德和职业素质仅仅通过知识和技能的学习是无法形成的,职业实践和企业文化的陶冶才是养成良好职业道德和职业素质不可缺少的途径。而且不同的职业往往有不同的职业素质要求,例如机电类专业工作人员需要有思维严谨、一丝不苟等职业素质,而护理专业人员则需要具有细心、和蔼和良好的护患沟通能力等,这种不同的素质要求需要有不同的文化来陶冶。高职院校学生在校学习时,就要能感受这种职业或行业文化,初步形成相应职业的职业素质。而要做到这一点,必须通过包含有一定职业文化内涵的校园文化来引导和规范学生的思想和行为,使学生逐步了解、习惯和自觉遵守相关职业的素质要求。显然,这种包含职业文化内涵的校园文化只有通过校企文化融通才能形成。

校企文化融通有利于培养高职生良好的职业素养。高职院校学生的职业素养是指高职生通过校企文化熏染、品德形成、技能教育,以及自我管理、自我陶冶和锻炼,为适应社会经济发展及其岗位需要所养成的职业认知、就业技能、工作态度、职业精神及其心理状态。职业素养是高职院校学生走向职场的必备条件,仅仅通过学校老师教会的知识和技能是远远不够的。职业实践和企业文化的陶冶,是养成良好职业素质的必由途径。要在《思想道德修养与法律基础》《毛泽东思想和中国特色社会主义理论体系概论》等学习活动中培养职业道德,在平时的学习活动中培养职业形象,在专业理论和实践课中培养职业技能,在社会实践活动中培养学生良好的沟通能力,在社团活动中培养团队协作精神,要通过蕴含一定企业文化的校园文化来引导和规范学生的思想和行为,使学生逐步了解、习惯和自觉遵守相关职业的素质要求。

校企文化融通可以激发学习热情,有利于高职生成才。校企文化融通能促进高素质技术技能型人才"工匠精神"的确立,高职院校肩负着向行业企业输送高素质劳动者的使命,企业和职业院校要以培养符合社会和市场需求的人才为纽带,建立校企合作理事会或职教集团,实现从精神到物质、从理念到行为的校企文化融通。高职院校校园文化建设要在校企深度合作中吸收和借鉴更优秀的企业文化,形成良好的教育教学氛围,加强学生的职业能力和专业基础训练,培养学生的综合素质,使学生树立职业意识、职业理想,并以树立"工匠精神"为目标,形成正确的职业价值观,为学生的全面、可持续发展打下基础。校园文化与企业文化融通,有利于培养符合现代企业用人标准的技术技能型人才,突破人才培养目标的实现途径,提升大学生职业素养,增强大学生核心竞争力,进一步提高我国人才培养质量,为地方经济社会发展服务。

第三节 校企文化融通是实现毕业生"零距离"就业的需要

高等职业教育的"高",应体现在学生综合素质较高和可持续发展能力上。现在企业的用人标准,已不仅仅是学生的一纸文凭或技能,企业希望学生除了具备必要的文化素质和专业技能外,还要有良好的职业道德和团结协作精神。校企文化融通可以帮助学生形成全面的专业素养和综合素质,使学生在学校就有机会接受企业文化的影响,减少毕业生就业的心理障碍,让其迅速融入企业,有条不紊地开展工作。同时,校企文化融通可以促进学生的社会角色转换,促进学生的社会心理成熟,这些都有利于学生实现"零距离"就业的目标。

就业是高职院校学生进入高职院校学习的主要目的。但现在不少高职院校的毕业生,如果仅就知识和技能方面而言,适应企业生产的需要是完全没有问题的,但现实情况是,大批高职院校毕业生进入企业后,不能适应岗位要求,被迫频繁跳槽或辞职,造成了人们对高职生能力的怀疑。造成这种现象的原因主要有两个方面:一方面在学校学习的环境与企业工作的环境反差较大,从学校到企业一时适应不了,找不到感觉,对自己的能力失去信心,难以发挥已掌握的知识和技能;另一方面就是不适应企业文化,很难迅速融入团队,感觉被"隔离"和"角落化"。从以往情况来看,毕业生在与企业发生各种纠纷和冲突的现象越来越多是因为价值观念文化的差异。因此,只有使校园文化和企业文化很好地融通,让学生在学校就可以学习企业的经营理念,体验企业的管理制度,接受企业的核心价值观,才能让毕业生早日适应企业的需要,为他们的就业和发展创造更广阔的平台。

校企文化融通对培养未来大国工匠的良好职业素质具有积极作用。高职院校的首要功能是培养"零距离"就业的高素质技术技能型人才,企业更希望高职院校的毕业生可以在短时间内适应企业生产和管理环境,很快地进入职业角色,这就要求高职院校在校园文化建设中积极吸收企业文化的精髓,逐步缩小校企文化的距离,让学生在校园中能处处感受到企业文化,在潜移默化中影响学生,促进毕业生在知识、技能、理念和职业精神等方面与企业的"零距离"对接,使学生在就业后能迅速地认同和适应企业文化,适应职业岗位的要求,同时自觉融入企业的管理环境,追求职业发展,成为受企业欢迎的人才。

总之,高职院校校园文化与企业文化融通,有利于消除大学生踏入工作的适应期,实现从校园到企业的平稳过渡,调整大学生心理预期,降低用人企业的人力资源成本,提高企业的软实力;可以增强社会适应能力,有利于高职生就业;可以培养创新精神,有利于高职生创业。

第四节　校企文化融通是服务地方经济社会发展的需要

校企文化融通有利于高等职业教育服务于企业。企业文化会对员工的心理和行为有着巨大的凝聚和规范作用,而企业文化的形成是一个漫长和不断变化的过程,其形成和变化的关键在于企业员工。现代企业所需的人才不仅仅要具有知识和能力,还要有高尚的情操。而高尚情操的塑造,主要通过校园文化建设来实现。企业用人的根本目的是在经营运作中创造实际的绩效和业绩,大多希望大学生进入企业之后就能很快地适应企业的环境。高职院校校园文化是以培养"有理想、有道德、有文化、有纪律"的社会主义建设者和接班人为己任的,这一培养过程不仅内容广泛,而且充分体现社会、时代的特征要求,不仅体现在继承优秀文化传统上,而且体现在校园文化建设的创新性上。校园文化培养出来的人才具有鲜明的时代特征、较高的综合素质和较强的社会适应性。

企业越来越认识到对人力资源投入的产出会是企业保持高效生产率的直接表现。今后几年的职业教育改革创新,要以服务为宗旨,以就业为导向,以质量为核心,以改革创新为动力,按照保证规模、调整结构、加强管理、提高质量的基本要求,巩固发展成果,推动改革创新,强化内涵建设,解决突出问题,着力提高质量。校企合作、产学研结合是高等职业教育发展的必由之路,校企合作、工学结合已成为高职院校积极探索人才培养模式改革的主旋律。深化校企合作是高等职业教育发挥示范辐射作用的关键。坚持"经科教联动、产学研结合、校企所共赢"的发展战略,并把它作为高等职业教育改革创新的突破口,才能把高等职业教育的教育优势、人才优势、智力优势转化为区域经济的发展优势,直接为企业服务,为行业服务,为区域经济发展服务。这就要求高职院校必须要有很强的服务功能,全体教职员工要具有很强的服务意识。高职院校可以向优秀企业学习先进的服务理念和服务体系,同时由于企业文化的融合,高职院校与企业有更多的共同语言,这将有利于全方位地实行校企合作,有利于高职院校更好地为企业服务。

一批又一批的高职院校毕业生源源不断地走向企业,给企业增添了新活力,带去了新理念,对企业文化建设产生一定的影响。这些毕业生进入企业实习或工作后,一方面不断适应企业文化环境,以企业文化熏陶和完善自己;另一方面受优秀校园文化熏陶的学生对企业文化环境的不足不断进行修正和完善。两种文化的调和将造就一大批遵纪守法、讲究民主、平等待人、客观看待自己和正确认识他人的企业新人,这些新人的加入无疑会丰富和提升企业文化。这种融入了新的精神文化和制度文化内涵的企业文化,能更好地凝聚企业新老员工,调动其积极性,创造出更好的经济效益。

校企文化融通有利于服务地方经济社会发展。校企文化融通有利于高职院校进一步重视文化引领社会风尚的作用,通过开展系列文化惠民活动,丰富人民群众积极向上精神文化生活,净化社会风气,不断为社会增加正能量;有利于高职院校根据地方特点和学校实际,更好更快地为地方经济社会发展服务,推动新型城镇化建设,为国民经济高质量发展贡献力量。

第三章 安徽省高职院校校园文化与企业文化融通现状

根据我国经济发展的需要,高等职业教育规模不断扩大,布局日趋合理,办学模式灵活多样,作为高等教育的一种类型,越来越受到社会的关注,而高职院校也展现出自身的实力,建设了高职院校特有的校园精神文化、行为文化、制度文化及物质文化。实际上,高职院校与企业两个不同组织的文化都是由精神文化、行为文化、制度文化与物质文化四维度组成。因此,基于校企文化融通的高职院校校园文化建设,应在寻求双方共同价值、形成育人合力的基础上,围绕精神文化、行为文化、制度文化和物质文化四个维度展开,同时,也应注意设立校园文化建设调控纠错机制,坚持社会主义办学方向。安徽省高职院校很多,涉及农业、机电、工商、医药、建筑、交通等传统和"互联网+时代"的新兴行业。近年来公办、民办高职院校同时注重校企合作,通过校园文化力量与企业文化的融通,增强了学校师生的凝聚力,激励学生刻苦学习,在树立正确的价值观和人生观方面发挥着积极作用,同时将这种教育外化成对学校的认同感和归属感,大大提升了学校的向心力和美誉度,发展前景更加广阔。

第一节 高职院校校园精神文化建设水平提高

目前安徽省多数高职院校高度重视校园精神文化建设,学校的校训、人才培养模式、办学理念及代表校园精神文化的校风、学风等通过雕塑、文化长廊、标语、展板等形式遍布高职院校。着力塑造学校形象,包括校风、校貌两个方面。校风包括校长的领导作风、教师的教风、学生的学风及学校的服务风格等。校貌主要包括办学实力,如师资队伍、教学设备等;学校的办学环境,如绿化美化、建筑物的布局装饰等;学校的标志,如独特的色彩、独特的标志和校园公共用品等。

不少高职院校还精心设计了学校的标志,校徽的制作、校训的确定、校刊的编辑,甚至是校歌、校服的设计以及校园建筑的布局都别具一格,无不充分体现了学校精神文化;同时注重培养精神文化的有效性,通过升校旗、戴校徽、唱校歌,围绕学校精神开展形式多样的校园活动,使之深烙于每个师生的思想上,体现在其行动上。

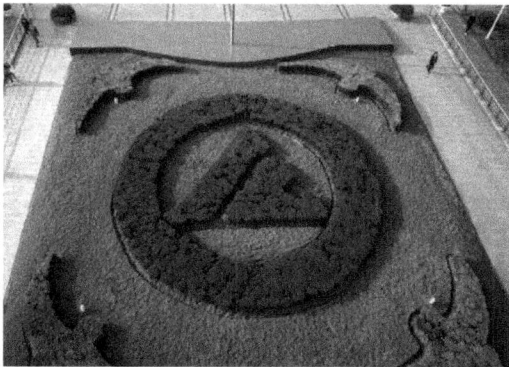

图3-1　安徽财贸职业学院草地花卉——校徽标志

一、融入企业行业精神,丰富高职院校精神文化内涵

文化的本质是一种精神,这种精神对人起到潜移默化的影响。一种文化如果具备了群体共同的精神信仰,即使外在的载体与形式丧失了,这种文化也不会消失。教育的本质是育人,通俗地讲是要培养德才兼备的个体。高职院校如果没有自己的精神文化,就如同无源之水、无根之木,培养的学生就没有凝聚力、向心力。企业文化也同样如此,优秀企业拥有独特的企业精神,在

企业精神的指引下,会塑造出知名的企业品牌。众多企业共同的精神文化追求与学校育人理念是相通的,如工匠精神、质量意识、消费者至上意识、团队意识等。以格力电器股份有限公司为例,其企业愿景是:"缔造全球领先的空调企业,成就格力百年的世界品牌。"其企业文化的核心价值观是:"少说空话、多干实事,质量第一、顾客满意,忠诚友善、勤奋进取,诚信经营、多方共赢,爱岗敬业、开拓创新,遵纪守法、廉洁奉公。"这样优秀企业的核心文化精神与高职院校的育人理念是不谋而合的,学校应将这类优秀企业的精神文化结合自身的办学特色加以融合打造,丰富学校精神文化。此外,通过实施"请进来""走出去"的企业文化体验计划,引导学生参观展览,开展德育基地调研,进行实习工厂体验等,帮助学生早日感受企业氛围,树立职业理想和职业发展目标。

二、寻求校企文化共同价值,凝聚文化育人合力

校企合作的最终目的是培养合格的高素质技术技能型人才。校企双方在文化层面存在着共同之处:一是共同的价值观基础,以社会主义核心价值观作为精神指引,作为育人导向;二是学校对学生以及企业对员工的人文关怀是一致的。基于此,高职院校在进行校园文化建设时,应研究合作企业的精神内涵,将总结升华的企业精神与学校育人理念进行融合,寻找校企文化精神的共同点,将学生全面发展与工匠精神、质量意识、职业素养等融合打造,使学生在精神层面修德成人,从而为掌握专业技能打下坚实的精神积淀。如安徽机电职业技术学院,其作为从20世纪30年代起办学的老牌机电类行业国家级骨干院校,校训定为"修德、练技、立业、报国",意为"修德"为先,希望同学们树立正确的世界观、人生观、价值观,坚定方向、学会辨识、调整心态、积极面对,历练道德品质,提高综合素质;"练技"为基,希望同学们珍惜大学学习的黄金时期,提高学习的主动性和自觉性,把握高职教学特点,坚持

理论与实践相结合，勤学苦练，把所学的知识转化为自己的技能，使自己成为信念执着、品德优良、知识丰富、本领过硬的高素质人才；"立业"为本，希望同学们尽早做好职业生涯规划，尽早确立明确的目标，并以只争朝夕和脚踏实地的精神拼搏努力，这样人生才会精彩；"报国"为志，希望同学们树立远大理想，担起应有的责任，要对自己负责，对父母负责，对社会负责。懂得感恩回报、服务社会，要在大学这座大熔炉里，历练成钢、淬砺成才，为国为民，勇于担当。该院校训兼具德才要求，兼顾校企核心价值，实现了办学理念与行业精神的向心同力。

安徽省高职院校通过校园精神文化力量的影响，增强了学校师生的凝聚力，激励学生刻苦学习，在树立正确的价值观和人生观方面发挥着积极作用，同时将这种教育外化成对学校的认同感和归属感，提升学校的向心力。

第二节　高职院校校园行为文化建设丰富多彩

对接企业多样活动平台，扩展高职院校行为文化类型。校园行为文化是在学校制度约束下，师生反映学校精神文化的一种外在直接表现。行为文化体现在师生的教学行为、学习行为、生活行为、人际交往行为、实训实践行为等环节。高职院校应携手企业，积极为师生搭建校企活动交流平台，促进行为文化的养成。近年来，安徽省高职院校邀请企业行业与学校开展各种专业文化活动，打造各类主题教育活动；在校园内开展各类教育教学活动，在保证预期目标完成的基础之上，尽可能地融入企业、行业的行为元素；组织师生参与企业大型活动的准备与开展，使师生在企业重大活动中感受企业文化，约束和提升自身的行为文化。以芜湖职业技术学院电子商务专业学生为例，每年的"双11"和"双12"期间，该校联手企业和商家开展电商销售活动，学生从货源准备、客服、打包、发货等各流程感受活动各环节中的行为规范。比如客服，学生平时与人交流可能行为言语比较生硬，不懂得尊重他人，但是在营销活动的氛围之中,学生必须学会尊重消费者,懂得如何更好地与客户沟通,这样就会使学生懂得和养成良好的行为规范。

目前,安徽省多数高职院校深刻认识到校园文化与企业文化融通的重要性,尤其是8所国家示范性高职院校和国家骨干高职院校更是将高职院校校园文化与企业文化融通建设作为提升其核心竞争力的关键。不少高职院校注重学生综合能力的培养,通过开展人文素养、职业素养、道德素养为主要内容的文化素质教育活动来发掘学生潜能,提高其综合能力;通过开展各种有"职业性"的社团活动和社会文化活动将学生活动与专业学习相结合,与生产实践相结合,与企业岗位群相结合,与国家和社会的发展相结合,促进了学生由"校园人"向"社会人"的迅速转化,为校园文化发展增添活力。如安徽机电职业技术学院积极办好"挑战杯"大学生课外学术科技作品竞赛、专利大赛等学生科技创新活动,在学院形成学技能、练技能的良好氛围;精心设计和组织开展内容丰富、形式新颖的文体艺术活动,进一步丰富师生的文化生活,提升校园文化艺术品位;以浙皖校园文化艺术交流中心和人文讲坛、弘道讲坛等为载体和平台,定期举办各种文化交流活动,不断提升文化艺术修养和审美层次;深入开展大学生社会实践活动,主动与城市社区、农村乡镇、爱国主义教育基地、社会服务机构等联系,力争每名学生都有机会参加青年志愿者服务、"三下乡"等活动,不断提高大学生的综合素质。

安徽省高职院校通过丰富多彩的社团活动,定期或不定期安排各类学术讲座和专业竞赛活动,形成参与式的教学,让同学们做课堂的主人。高职院校在精心组织节假日、庆典日等常规性活动的基础上,还重视与企业联谊,重点办好文化节、体育节、科技(技能)节等活动。此外,还充分利用了校园广播影视网络传媒手段,建设好校园网,建立网上互动平台,以满足高职院校学生的信息需求、知识需求、娱乐需求和交流需求。

以校企合作为纽带,合力打造创业文化。安徽省高职院校深入探析高等职业教育对企业文化的需求,着力营造企业育人情境和氛围,从先进企业的文化理念中吸收有价值的元素,丰富、拓展高职院校校园文化建设的内容,使校园文化充分体现职教特色,从而实现可持续发展。以大学生创业孵化基地、大学科技园等为载体激活大学生创业细胞,激发大学生创业潜能,培养大学生创业意识,积极引导广大学生自发自觉投身创业实践;加强学生职业生涯规划教育,激发学生科技创新,引导扶持学生科技成果申报国家专利。借鉴企业管理经验,进一步完善学生寝室"6S"管理制度并加以推广。

图3-2　安徽商贸职业技术学院举办传统文化游园会

　　文化是一把双刃剑,优秀文化有助于育人,而不良文化则可能对学生造成不良影响。企业最终目标是创造价值并盈利,在市场竞争中他们形成的文化良莠不齐。高职院校在吸收企业文化充实校园文化建设过程中,应组织专业人员对企业文化进行筛选。除要过滤掉不良文化外,对于那些适应于商海法则的但与学校教育理念不相符的企业经营管理信条,应在学校教育阶段慎重引入。以企业考勤制度的打卡为例,如果学校内师生员工上班上课全部要靠打卡来约束,那么这个学校的管理与德育或多或少存在问题。此外,不良网络文化、外企中归属国的价值观等,都需要学校进行严格辨别、把控。同时,对于校企文化融通中发现的问题应及时予以纠正,并与合作企业沟通达成共识,使校园文化建设始终充满正能量,保持社会主义办学方向。

第三节　高职院校校园制度文化建设趋于规范

制度文化是维系学校正常秩序必不可少的保障机制,它与高职院校校园文化一样具有导向、约束和规范作用。安徽省高职院校在学生品德教育上和学生管理模式上,非常注意汲取优秀企业的管理经验和文化内容,强化诸如诚信、守纪、敬业、团结等与企业文化有着密切关联的教育内容,特别注意培养与企业员工相同的行为规范。

吸收企业先进管理制度,完善高职院校制度。文化体系制度代表一种规范与约束,反映一个学校或企业的精神与价值。高职院校育人制度一般偏于软性,以循循善诱、矫正教育为主,制度管理目的是为了育人;而企业的管理制度刚性色彩更浓,制度管理以奖惩为主,目的是为了提升工作效率。为了使学生更好地适应企业制度环境,校企合作中学校应吸收企业的优秀管理制度或管理理论。如企业依据需要层次理论、双因素理论等建立的激励规章制度,可以借鉴到高职院校学生的学习、实训环节,能起到良好的激励作用。再如企业有诸多严格规范的生产工作流程,学生在实训环节接触这类管理制度不仅可以掌握一线技能,还可以受此影响在学习生活中养成规范的行为和良好的品行。还有诸如"岗位目标管理""责任目标管理""PDCA 质量管理"(PDCA:计划、拟行、检查、处理)等优秀企业的管理制度文化,均可以引入高职院校的日常学习与管理制度之中,从而使校园内各部门、各环节有效运行。

校园文化建设越来越受到高职院校的重视,相继将其纳入学校的发展规划中,因此,校园制度文化建设也越来越受到重视并趋于规范化。除了面向全校师生的日常管理制度外,安徽省一些高职院校的制度文化也在向新的方面扩展。建立和完善互利共赢的利益驱动机制、优势互补的资源共享机制、文化融合的交流沟通机制、绩效考核的评价激励机制,倡导相互理解、相互包容、合作共赢、和衷共济的文化理念,促进多元文化的兼容并蓄。实施专业教师密切联系企业制度,要求每名专业教师至少密切联系一家企业。通过各种方式鼓励教师下企业锻炼,吸引企业与学校合作。如安徽商贸职业技术学院在实训实习时,实施与企业接轨的实习管理制度,要求学生在实训车间统一穿企业工作服,佩戴工卡,否则不准进入车间,在工作期间不准擅离职守和大声讲话等。学生作为企业的"准员工",在学校内感受到的是浓厚的企业文化熏陶,接受的是具有企业特色的文化教育,领悟到的是企业的严格管理和企业的文化内涵。如安徽机电职业技术学院主动适应高等职业教育新常态,在顺利通过国家首批骨干高职院校验收跻入全国高等职业教育第一方阵后,抢抓新机遇树立新目标,持续深化内涵建设的同时大力加强制度建设,提高规范管理水平,推动学院改革发展,不断取得新成效。因此,办学理念有新的突破,治校治学有新的收获,管理服务有新的提升,一大批办学成果纷纷涌现。《制度彰显力量,发展赢得人心——安徽机电职业技术学院深入推进制度建设全面提高办学水平》材料作为典型经验在全省教育系统进行推广,在安徽省高职院校中引起了热烈反响和高度评价,进一步提升了该院的办学声誉,扩大了社会影响。

第四节　高职院校校园物质文化建设成就明显

近年来,得益于国家的大力支持,安徽省高职院校的物质文化建设日益改善,各方面也趋于合理,逐步实现了从规模到内涵的跨越式发展。

中央和地方财政对安徽省高职院校的经费投入力度加大,各类高职院校在自然人文环境建设方面取得了不错的成绩。人文与自然交相辉映,校园的自然人文环境给人以美的享受的同时也体现了文化品位。一是对校园的整体规划更加科学,布局也趋于合理。为了自身更好地发展,不少高职院校制定了中长期的校园规划。现在省内高职院校基本完成了新老校区的交替,新校区的总体规划建筑设计功能比较完善。比如不少高职院校的校区按功能划分为教学区、活动区、生活区、实训区等,这样除了方便学生的生活和学习外也便于校方的管理。二是高职院校的一些人文景点除注重艺术品位外还考虑其教育价值。以芜湖职业技术学院为例,该校拥有功能完备的教学楼、学生公寓、食堂、室内体育馆、学术报告厅、图书馆、学生活动中心等基础设施,此外按照校园建设远期规划还将建设产学结合示范基地、科技交流中心等,已建成的生产性实训用房用于基础课和理实一体化的课程教学、实习实训、虚拟仿真训练及服务类企业经营活动等。

随着社会的发展和科技的不断进步,学校文化的载体也不断发生变化,主要表现如下:教室、体育馆、图书馆及实训基地都是传统意义上的校园文化载体,伴随着高职院校各方面的发展,这些载体也相应地得以更新和扩建;而随着科技的发展,一些新的文化载体比如网络等也不断丰富和促进校园文化的发展。如安徽职业技术学院加强校园文化阵地建设,扩大校园文化的延伸面。编撰校史,建设校史陈列室、特色展览馆,办好学报、院报、网站、广播、电视、橱窗等文化阵地,丰富院内媒体资源,增强教育效果,提升服务功能。同时强化数字化校园建设,将网络化、可视化等现代信息技术手段运用于教学、生产、管理、生活服务等方面,建成资源共享、交流便捷的数字化校园。

注入企业优秀物质文化,优化高职院校物质文化环境。校园的物质文化环境是最直接的文化表现形式,是校园文化存在的基础,承载着精神文化和制度文化,并为师生活动提供场所与环境。为了使学生更好地适应未来职场就业环境,高职院校应在教学楼、寝室、图书馆、实训场所等校园物质环境引入与专业工作场所相关的场景布局、标语标识、场馆建设,以及体现网络时代的各种信息化硬件建设。以实训场所为例,校园内的实训场所应按照企业真实环境布置,使学生进入实训基地如同身临企业一线,让学生熟知物质环境,理解企业制度与精神文化,习得行为规范。校园环境布置还应贴近学生兴趣,校园的树木、场馆、教具、实习机器等相关介绍,可以制成二维码,学生通过扫一扫增加了学习的兴趣。高职院校还可积极设置创客工作室,对接企业创新创业工作,使学生感受创新创业魅力,投身创新创业热潮。此外,高职院校的物质文化建设,应注意时时更新和维护那些陈旧、破损的会对学生产生负面影响的物质环境。如安庆职业技术学院重视校内文化设施建设,加强对既有设施的维护,充分发挥现有设施的功能,根据学院的发展不断增加活动场所,改善活动条件,拓展活动内容,提高活动层次,满足师生不断增长的需求;此外,还打造文明、高雅、健康、和谐的教室文化、实验实训文化、宿舍文化、广场文化、走廊文化、食堂文化等公共场所文化,统一标准,规范建设;同时加强校园统一标识建设,做到积极向上、美观大方、简洁明了、品位高雅,既能体现大学精神,又能以先进文化内涵反映时代的特征。

第四章 安徽省高职院校校企文化融通问题分析

随着我国进入新的发展阶段,产业升级和经济结构调整不断加快,各行各业对技术技能人才的需求越来越紧迫,人力资源管理也越来越规范。经调查发现,企业所需人才要求具有以下特征:正确的世界观、人生观、价值观,脚踏实地、乐观豁达、科学务实的生活态度;专业素质强,专业技能高;综合素质高,整合资源能力强,团队合作能力强。总之,新时代企业对高职院校毕业生的要求已经不再是低层次的专业对口、工作踏实等,而是涵盖了大学生文化素质、专业技能、精神风貌、人际交往、企业忠诚等方面的多元要求。要提高人才培养质量,要求高职院校必须主动适应企业所需。高职院校要以职业能力培养为核心,将思想道德、职业道德、人文素质教育模块内容贯穿人才培养方案中,在培养学生实践技能的同时,培养学生创新创业和学习能力等综合职业能力,增强职业素质教育的针对性,为学生能顺利融入企业、缩短适应期奠定基础。

争创"双高"高职院校("双高"即"高水平院校、高水平专业"),首先在重理论教学轻实际操作向教学和实习实践相结合的教育模式转变过程中,应该扩展校园文化建设内涵,通过对学生毕业后从事的行业发展现状、文化理念等的引入,开展一系列的实践活动来加强学生对所学专业和行业的优秀的企业文化的认识、认同与互动,以便学生进入企业后能迅速了解企业追求的核心竞争力和目标,潜移默化地成为企业文化的传承者,为达成企业绩效和实现个人的职业发展规划打下坚实的基础。

第一节　高职院校校企文化融通的调查问卷
及调查结果分析

一、调查问卷的设计与实施

为了了解安徽省高职院校校园文化与企业融通的现状,笔者在借鉴相关研究成果的基础上编制了三种调查问卷。一种是针对高职院校教师对高职院校校园文化与企业文化融通情况的调查;一种是针对高职院校学生对高职院校校园文化与企业文化融通情况的调查;还有一种是高职院校毕业生问卷调查。问卷内容涉及校园文化与企业文化融通相关的一些问题。如高职院校师生对校园文化和企业文化的了解,在校园文化建设中有没有企业文化的参与,高职院校师生对校园文化与企业文化融通的满意程度,以及高职院校校园文化与企业文化融通的现状、问题、内容、原则和模式等。本次调查采用不记名调查,问卷详见附录二、附录三。

由于高职院校校园文化与企业文化融通研究所涉及的内容较广,所以问卷调查的对象也比较广泛,主要是安徽省的部分高职院校和企业,如安徽职业技术学院、安徽工商职业学院、安徽商贸职业技术学院、芜湖职业技术学院、安庆职业技术学院、阜阳职业技术学院、安徽机电职业技术学院等。问卷发放时间为2016年10月至2016年12月。

高职院校教师对高职院校校园文化与企业文化融通情况的问卷调查和高职院校学生对高职院校校园文化与企业文化融通情况的问卷调查,有的是笔者亲自完成的,也有的是在同学、朋友的帮助下进行的。问卷采取现场发放,被调查者匿名填写的形式。共计发放问卷800份,其中教师100份,学生700份,回收有效问卷780份,有效回卷率为97.5%。在780份有效问卷中,其中安徽职业技术学院97份、安徽工商职业学院96份、安徽商贸职业技术学院

98份、芜湖职业技术学院98份、安庆职业技术学院97份、阜阳职业技术学院96份、安徽机电职业技术学院198份。高职院校毕业生问卷调查是学校赴校企合作单位看望毕业生时随机调查。高职院校教师对高职院校校园文化与企业文化融通情况的问卷调查和高职院校学生对高职院校校园文化与企业文化融通情况的问卷调查样本分布情况见表4-1。

表4-1 问卷调查有效样本分布情况

调查学校	安徽职业技术学院	安徽工商职业学院	安徽商贸职业技术学院	芜湖职业技术学院	安庆职业技术学院	阜阳职业技术学院	安徽机电职业技术学院
教师调查问卷数/份	15	15	15	15	15	10	15
学生调查问卷数/份	82	81	83	83	82	86	183

二、调查结果分析

本研究主要对调查结果所涉及的有效样本进行描述性统计分析。调查结果基本情况描述如下：

1.教师、学生对校园文化了解的情况

经过对安徽省这些高职院校师生对校园文化情况的了解，调查结果如表4-2。

表4-2 师生对校园文化的了解情况

调查对象	包含一种文化	包含两种文化	包含三种文化	包含四种文化
教师	0	0	0	100%
学生	20.8%	24.2%	32.4%	22.6%

经过调查研究显示，高达45%的学生对校园文化不太了解，对校园文化应该包括哪些内容不太清楚，片面地认为高职院校校园文化仅仅只包括一种文化或两种文化。32.4%的学生认为高职院校校园文化包括物质文化、制度文化和精神文化，而忽略了行为文化。只有22.6%的学生知道高职院校校园文化应该包括物质文化、制度文化、行为文化和精神文化这四个方面。在对教师的调查研究中显示，所有被调查的教师都认为校园文化包括这四部分内容。

2.高职院校学生对校园文化与企业文化融通了解的情况

对安徽省这些高职院校学生对校园文化与企业文化融通情况了解的调查结果如表4-3。

表4-3 师生对校园文化与企业文化融通情况的了解程度

了解程度	安徽职业技术学院	安徽工商职业学院	安徽商贸职业技术学院	芜湖职业技术学院	安庆职业技术学院	阜阳职业技术学院	安徽机电职业技术学院
熟悉	40	39	42	38	39	36	85
了解	52	51	52	54	53	54	108
不知道	5	6	4	6	5	6	5

在所调查的学校中,学生对高职院校校园文化与企业文化融通情况不知道的有37人,占总调查人数的4.7%;对校企文化融通大概了解的有424人,占调查总人数的54.4%;对校企文化融通熟悉的有319人,占调查总人数的40.9%。由此可知,近60%的学生对于高职院校校园文化与企业文化融通都不太熟悉,高职院校校企文化融通任重而道远。

3.高职师生对校园文化与企业文化融通的满意情况

在780份有效样本中,有293份调查问卷显示对校园文化与企业文化融通的情况表示满意,约占总数的37.6%;而不满意的占了大多数,达到62.4%。具体调查情况如表4-4。

表4-4 师生对校园文化与企业文化融通情况的满意度

满意程度	安徽职业技术学院	安徽工商职业学院	安徽商贸职业技术学院	芜湖职业技术学院	安庆职业技术学院	阜阳职业技术学院	安徽机电职业技术学院
满意	38	36	37	36	37	34	75
不满意	59	60	61	62	60	62	123

从上表能看出,不论是高职院校教师还是学生都对自己所在学校的校园文化与企业文化融通的现状都不是很满意,都希望校企文化能进一步融通。

4.影响高职校园文化与企业文化融通的因素

为了了解影响高职院校校园文化与企业文化融通的因素,在调查问卷中特别设置了"您觉得影响高职院校校园文化与企业文化融通的因素有哪些"。

调查结果显示，以下因素都会影响高职院校校园文化与企业文化的融通。一是高职院校自身。如果高职院校仅仅追求硬件建设而忽视校园软文化的发展，不重视企业文化对校园文化的影响，这样就会影响校园文化与企业文化的融通，产教融合、校企合作就难以深入，将会导致高职院校的发展停滞不前。二是高职院校学生素质。虽然有不少高职院校毕业生具有良好的职业技能，却由于缺乏职业道德和职业素养而被企业所淘汰，这种现象屡见不鲜。高职院校毕业生不能适应企业文化，将导致毕业生进入企业后适应期延长，这样会使高职院校学生高质量就业的目标更加难以实现。三是企业因素。校园文化只有主动与企业文化融通才能培养出企业所需求的高素质技术技能人才，但如果企业对校企文化融通缺乏热情，不愿参与，那么高职院校校园文化与企业文化的融通就无法进行。国家应及时出台相应法律法规，为企业深度参与职业教育提供保障，消除其后顾之忧。四是政府因素。不管是高职院校还是企业都处于政府的管理下，需要政府完善一系列的政策制度来保障高职院校校企文化融通的顺利实施。五是社会因素。社会舆论及社会需求对高职院校校园文化与企业文化融通起着不可忽视的作用。2019年，为推进人才培养供给侧结构性改革，主动适应市场需要，破解高技能人才供不应求难题，国家决定高职扩招100万人，这能让更多人凭借一技之长实现人生价值。

5.对高职院校校园文化与企业文化融通必要性的充分认识

调查结果显示，绝大多数师生认为高职院校校园文化与企业文化融通是必要的。大部分高职院校的主要领导已经充分认识到企业文化对校园文化发展的重要作用，并开始真正重视校企文化融通。目前，很多高职院校已经把企业文化要素的融入作为校园文化建设的重要内容进行积极推进，并且取得了较好的成效。如安徽机电职业技术学院秉承"修德、练技、立业、报国"的校训，发扬"团结、勤奋、严谨、求实"的校风，不断深化"地方性、行业类、技能型、特色化"的办学定位,以就业为导向,以职业能力培养为核心,走产教融合、校企合作的高职院校办学之路,主动适应机电行业发展需求,不断深化校园文化与企业文化融通,取得了丰硕成果,学校社会影响力和美誉度不断攀升。

第二节 高职院校校园文化与企业文化融通的问题

安徽省高职院校很多都是从中职中专学校升格而来,其办学时间短,导致产教融合、校企合作还有待进一步深入。具体到高职院校校企文化融通研究,目前只有成功合作的示范,没有规范理论的指导。对安徽省高职院校校园文化与企业文化融通现状的调查结果显示:很多高职院校对优秀的企业文化元素和精髓没有充分吸收和融通,不管是哪个高职院校在进行校企文化融通时,都没有做到全员参与,校企文化融通只是部分人的或者只是停留在表面;出现了只重表面而忽略内涵,只重物质文化而忽视其他文化的现象;融通模式和方式深入度不够,融通成效不太明显,致使校园文化特色没有彰显,在培养高素质技术技能人才、科学研究、社会服务和文化传承方面没有起到应有的作用。

一、校企文化融通过多关注物质文化

随着中国经济转向高质量发展,安徽省许多职业院校在以就业为导向的社会要求和就业形势的压迫下,与企业的联系和融合越来越紧密,可惜的是,校企合作更多地仍停留在硬件层面上,如共建实验实训基地、订单培养、委托培养以及校企人才共享等,而对校企合作软件层面资源交流和校企文化深层次融通关注较少。一般来说,校园文化与企业文化物质层面上的交流和融合比较容易,而作为校企文化融通的核心——精神文化的融通,如思想观念、价值取向、道德素质等融通,则要困难得多。不少职业院校舍难求易,忽视自身

职业特性,没有把企业文化的精髓融入学校的办学指导思想、办学机制、办学定位、办学理念中,未能把培养符合企业用人需求的职业性人才的目标融入校园文化的发展规划之中。实际上,忽视精神文化融通,高职院校校园文化与企业文化融通就只能流于形式,失去了校企文化融通的意义。

无论是校园文化还是企业文化,物质文化只是其外在标志,是"载体",精神文化才是其内在核心,物质文化融合的目的应该是使它成为承担精神文化融合的平台和载体,物质文化融合是手段,而不是目的。但是,调查结果显示,大约20%的高职院校师生只注重单纯的物质文化层面的融通,不仅精神文化融通缺失,制度文化和行为文化的融通也被高职院校所忽略,在高职院校缺乏保障校企文化融通实施的必要机制,学生教学活动、课外活动还是学校组织的各种活动,企业文化参与度都不高。只有22.6%的高职院校师生熟悉物质文化、制度文化、行为文化和精神文化层面的融通。

二、校企文化融通模式深入度不够

在780份有效样本中,安徽省高职院校校企文化融通采取最多的模式是校企合作模式,订单式模式次之,产学结合模式使用的最少。具体调查情况如表4-5。

表4-5　高职院校校园文化与企业文化融通模式

融通模式	安徽职业技术学院	安徽工商职业学院	安徽商贸职业技术学院	芜湖职业技术学院	安庆职业技术学院	阜阳职业技术学院	安徽机电职业技术学院
校企合作	54%	56%	54%	53%	52%	50%	55%
订单式	32%	30%	33%	34%	32%	30%	33%
工学结合	48%	46%	48%	46%	42%	43%	48%
产学结合	36%	40%	42%	40%	38%	36%	42%
其他	4%	5%	4%	4%	3%	3%	5%

由表4-5可知,高职院校在校园文化与企业文化融通时基本上都采取了多种模式,可惜的是,无论是校企合作对接,还是订单培养、工学结合对接、产学结合对接,或者是其他对接方式,都没有在实践中将几种融通模式融会贯

通,相互促进。而在各自孤立的校企文化融通模式下,往往是顾此失彼,不利于高职院校人才培养目标的实现,不利于高职院校自身的发展,从而造成高职院校毕业生进入企业后不能与企业文化相适应,无法实现高等职业教育的"零距离"就业的培养目标。

三、校企文化融通全员参与度不高

高职院校校园文化与企业文化融通是一项系统工程,不可能毕其功于一役,需要学校与企业的全员参与。但是在调查问卷中,当问到学生"学院是否经常组织你们到企业参观学习",只有45%的学生回答经常。同样的,在对教师的问卷调查中,教师在回答"学院是否经常组织人员到企业交流学习经验"的问题时,也只有50%的人回答的是经常。由此可见,在校园文化与企业文化融通时,出现学校热情,企业冷淡;院校领导主观努力,教师和学生被动参与的情况。探究其中原因,主要是高职院校在就业压力下对校园文化与企业文化融通持积极态度,而企业参与融通的短期经济效应并不明显,社会也没有相应的激励机制,导致企业在校园文化与企业文化融通时持消极冷淡的态度。

高职院校校园文化与企业文化融通中,高职院校缺乏专家学者和教师的指导,安徽省很多高职院校在"十三五"规划中没有把校园文化单列,而是将校园文化建设作为学生管理下的一个子目,认为校园文化更多的是对学生的思想政治教育,简单地把高职院校校企文化融通中精神文化的融通等同于学校的思想政治教育。这种认识上的偏差导致高职院校校企文化融通被认为是学校政工部门的事,最多再加上一个宣传部门。在这样的认知下,其他部门结合实际开展的一些校企文化融通的活动难免显得零散,缺乏全员参与的意识,体现不了师生共同追求进步的信念,使高职院校校园文化与企业文化融通成了某些职能部门的工作,而没有做到全员、全过程、全方位参与。

第五章　准确定位校企文化融通关键

　　高职院校教师对于大学生文化素养养成具有示范作用，有如入芝兰之室。打造"双师型"师资队伍，应确定为校企文化融通的关键之一。所谓"双师型"教师，是指既具备渊博的专业理论和精湛的教学艺术，又具有扎实的专业技能和丰富的实践经验，能够胜任教学科研和生产实践双重职责的复合型教师。高职院校要采取"引、聘、送、下、带"和专任教师与企业技术人员"互兼互聘，双向交流"等方法，坚持"校企共建"原则，建立校企双方互兼工作岗位、互派专业人才、互聘技术职务、共同培育教师、共同解决教学课题和生产技术难题的"互派共育"机制。通过"国培""省培"项目，根据专业建设需要，加大教师赴国内外重点高校进修、访学力度，为不同层次的骨干教师提供与之相适应的访学研修机会。选派教学、科研骨干教师到国内重点高校和大型先进企业进行合作研究和深造，不断提高专业教师的技术应用能力，激发"双师型"师资队伍整体活力。

　　企业评价人才的标准就是视其提出问题、分析问题、解决问题的能力和效果。企业都希望大学生能够"零距离"就业，尽量缩短适应期。因此，校企文化融通的另一关键就是要充分发挥学生的主体作用。高职院校学生在校期间普遍学习现代企业管理理论和文化，注重实践技能和综合素质的培养，积极参与实践服务团队深入各地企业开展专题调研、社会实践和专业见习活动，通过对现代企业管理制度的熟悉提升对企业文化的认同；充分利用各种平台和载体，积极提升自身社会适应和社会实践能力、人际沟通和合作能力，培养团结协作精神,以便进入企业后能迅速与企业融为一体,形成融洽的合作氛围。

第一节　加强师资队伍建设

一、调整教师队伍的职称结构,提高高级职称教师比例

高等职业教育所培养的人才不同于普通高等教育培养的学科型人才,也不同于中等职业教育培养的单纯技能型人才,他们不但懂得某一专业的基础理论,更重要的是他们具有某一岗位群所需要的生产操作技能。他们既能在生产一线进行实践操作,也可以根据技术意图或工程图组织生产,还可以在生产现场进行技术指导和组织管理,因此这类人才是一种向上对接技术和管理领域、向下兼容一线操作的复合型人才。高职院校教师要想成为复合型人才,必须提高自身的动手实践能力。据调研,如今安徽省高职院校中很大一部分教师已经拥有"双师型"教师的资格,但是这并不代表他们可以在实践操作中指导学生,很多教师尤其是"从学校到学校的"还是处在"纸上谈兵"的阶段,只是凭借着书本上的描述指导学生,自身的实践经验并不丰富。

表5-1　安徽高等职业教育教师队伍建设情况

年份	教职工总数	平均生师比例	高级职称教师占专任教师比例	硕士及以上学位教师占专任教师比例	省级及以上教学名师数量
2016年	25895	15.95%	25.63%	46.16%	228
2017年	25281	15.44%	26.67%	49.3%	228

高职院校在关注教师教学能力的同时,还需要关注教师队伍的学历结构和职称结构,鼓励在职教师积极参加职后培训以及其他提高学历层次的机会,鼓励在职教师努力提高自我修养,引导在职教师通过参加学术活动来提升科研能力。科研能力是教师素质结构的重要组成部分,提高高职院校教师的科研能力不仅有利于教师的专业化发展,还可以促进教师教学水平

的提高,从而有利于提高高职院校的教学质量。教师的学历结构在很大程度上影响着科研能力,所以高职院校需要调整教师队伍的学历结构,在保证教师队伍稳定的可持续发展的基础上,引进与培养相结合,努力提高师资质量。近年来,安徽省深化高校教师职称制度改革,不断扩大高校办学自主权。2017年,安徽省教育厅、安徽省人力资源和社会保障厅印发了《安徽省高校教师职称评审权下放工作实施方案(试行)》,将高校教师系列职称(助教、讲师、副教授、教授)和实验系列职称(实验员、助理实验师、实验师、高级实验师)的评审权全部下放到高校,编制实施《安徽省高等职业学校教师素质提升计划(2017—2020)》,挂牌成立安徽省高等学校师资培训中心职业教育分中心,组织开展省高职院校教师"双师素质"、主干课程和企业顶岗培训等工作,组织开展高校教师信息技术应用能力提升培训工作,印发《安徽省教育厅关于做好高等职业院校"双师型"教师2018年度认定工作的通知》,开展"双师型"教师认定工作,加强高职院校师资队伍建设,既重视教师职称结构的优化发展,也关注教师的均衡发展;同时积极引进和聘用有实践经验的行业专家、企业工程技术人员和社会能工巧匠担任专兼职教师,形成专兼结合的教学团队;进一步完善兼职教师考核等管理制度,加强兼职教师队伍建设,努力打造一支师德高尚、业务精干、结构优化、充满活力的高职院校"双师型"教师队伍。

二、构建校企共同培训体系,培养教师实践能力

校企合作可以为教师的发展提供实习实训平台,提高高职院校教师的实践能力,满足高职院校对于"双师型"教师的培养目标。校企合作共建"厂中校"和"校中厂"模式可以促进校企长期深度合作,也是促进高职院校教师专业发展的最有效方法。"厂中校"和"校中厂"模式对教师进行短期实践培训,对于教师的教学实践能力提高有很大的帮助。高职院校应把提高教师实践动手能力作为

当前师资队伍建设的重要目标。高职院校教师由于其职业自身的独立性,在关注理论水平提升的同时,还应该锻炼自身的动手操作能力,为学生做出榜样,所以校企合作以及建立这种"厂中校"和"校中厂"的合作模式对于提升高职教师实践能力还是很有帮助的。通过校企共同培训,提升教师的实战经验,进而在实践过程中提高自己的专业能力和技能,这不仅有利于教师自身的专业化成长,也有利于高职院校未来的发展。

开展人才队伍建设,形成优秀教师脱颖而出的良性机制。认真做好职业教育教学成果评选奖励制度,开展优秀教学能手评选和定期研讨活动,培养一批教育教学改革创新骨干;积极选派教师到企业挂职,支持专业课教师到企业兼职,培养一批更高层次、更高水平的"双师型"教师;继续做好专业带头人、高校优秀青年拔尖人才、教学名师、教坛新秀等的选拔培养工作,认真做好高职院校现有专业带头人、高校优秀青年拔尖人才、教学名师、教坛新秀等的管理工作,努力造就一批"教练型"教学名师和领军人才,培育一批优秀教师团队。安徽省大力实施高职院校教师素质提高计划,加强高职院校"双师素质"培训基地建设,进一步完善"双师型"教师培养培训体系,创新培养培训模式,提高培训水平,提升教师综合素质。如安徽城市管理职业学院通过年轻教师培养、示范课教学、参加各类师资培训、教师网络在线培训、师资培训基地五位一体举措提高教师素质,加大师资培训力度。一是年轻教师培养。建立青年教师导师制,完善以老带新的青年教师培养机制,促进青年教师成长;认真开展新教师岗前培训,让他们尽快适应高职院校教育教学,促进新教师快速成长。二是示范课教学。组织优秀教师和教学上具有特色的骨干教师开展示范教学,提升学院教师的课堂教学水平,发挥优秀教师的引领示范和辐射带动作用,为广大教师提供学习交流借鉴的平台。三是参加各类师资培训。组织教师积极参加国家级培训、省级培训、企业实践等培训项目,鼓励教师参加国内外访学、骨干教师培训、"双师素质"培训、创新创业培训、专职辅导员培训、攻读硕士博士学位等,全面提升教师专业素养和教科研水平;组织教师参加各种形式的继续教育,建立教师的培养和继续教育制度。四是教师网络在线培训。开通教师在线学习平台,使学院教师实现了不受时间、地点限制进行在线选课学习的培训目标,精选了50门课程,基本覆盖全院所有专业的需求。五是师资培训基地。承接安徽省人力资源和社会保障厅"社工组织运营能力提升高级研修班"和省高师中心"健康养老模式创新发展高级研修班"与"建筑信息模型化系统双师能力培训班",采用专家学者讲座、讲师授课、学员讨论、实地考察等形式,对来自全国及省内各高职高专院校相关专业教师及相关机构的工作人员进行培训,旨在深入贯彻《教育部、财政部关于实施职业院校教师素质提高计划的意见》,拓宽高职高专院校教师的知识视野,进一步提高其专业素质和教育教学技能与水平,更好地培养高水平技能型人才。

三、加大高职院校的财政投入,提高"双师型"教师的社会地位

无论是工资待遇还是社会地位,高职院校的教师都稍弱于同等水平的本科院校,这就给人们造成一种刻板印象,认为高职院校各方面都弱于本科院校,这就导致年轻人更加不愿意到高职院校就业。"双师型"教师作为高职院校师资队伍发展的特色和重点,国家和学校应该制定相应的激励机制,给予"双师型"教师合理的工资待遇,并设定相应的奖励机制,鼓励更多的"双师型"教师投身于职业教育中。近年来,安徽省持续加大对高职院校的资金投入,大力发展高职院校,吸引更多的优秀人才加入高职院校师资队伍(见表5-2)。一是加大教学名师、专业带头人的培养力度,完善在职教师培训制度,完善专业教师企业实践制度。二是从待遇、事业发展及情感上留住职业院校教师,为他们提供充足的发展机会,吸引教师前往职业院校任教。三是发挥学科骨干带头人的功能,找好领军人物,打造优势团队,形成专业梯队,通过提高高职院校教师的业务水平来促进高职院校的发展。

表5-2 安徽省落实政策表

	指标	单位	2016年	2017年
1	年生均财政拨款水平	元	10833.11	9532.68
	年生均财政专项经费	元	5881.67	5289.47
2	教职员工额定编制数	人	20335	21560
	在岗教职员工总数	人	25895	26867
	专任教师总数	人	19341	19939
3	企业提供的校内实践教学设备值	万元	10206.98	12753.05
4	生均企业实习经费补贴	元	155.87	193.64
	生均财政专项补贴	元	25.80	28.06
5	生均企业实习责任保险补贴	元	18.29	20.2
	生均财政专项补贴	元	0.75	0.58
6	企业兼职教师年课时总量	课时	838463	809136
	年支付企业兼职教师课酬	元	47203621.66	50026337.53
	财政专项补贴	元	580661	1307581

改革开放40年来,安徽省高职院校师资队伍建设道路漫长而曲折,虽然高职院校师资队伍在建设过程中出现了一些问题,但总的来说还是一直处于上升的状态。相较之前,高职院校教师无论是师资水平还是职称结构都有所提高。教师水平的提高能够带动学校的发展,所以高职院校应着力提高教师的学历水平,鼓励教师积极参与职称评审。另外,高职院校教师本身就有其特殊性,在关注教师教育教学能力提升的同时,还需要提高教师自身动手操作能力,这样才能在实践中更好地指导学生,进而成为真正意义上的"双师型"教师。

第二节 提升学生综合素质

新时代高职院校人才培养应着眼于学生职业能力与"双创"能力(创新与创业能力)培养,实现与企业创新创业人才需求的有效衔接,有效解决毕业生"就业难""创业难"的社会问题,提高毕业生就业质量和就业率。

一、加强实践教育,推动教学改革

安徽省不断深化实践教育、创新创业教育和大学生社会责任教育"三位一体"教学改革,培养具有社会责任感、创新精神和实践能力的高素质人才;指导高校落实《安徽省教育厅关于深化高校教学改革加强大学生社会责任教育的意见》,制定学分认定办法,并积极推进;贯彻落实《安徽省人民政府办公厅关于深化高等学校创新创业教育改革的实施意见》;资助一批大学生创新创业训练项目,建设一批大学生创新创业基地;围绕安徽省重点发展的战略性新兴产业和支柱产业,建设一批产学研合作平台、协同创新中心、科技成果孵化基地;开展各级各类大学生学科技能竞赛;继续实施"卓越计划",建设校企合作实践教育基地、示范实验实训中心、虚拟仿真实验教学中心等项目,鼓励校企合作、产教融合,加强学生社会实践能力培养;将实践教育、创新创业教育和大学生社会责任教育"三位一体"教育统一于人才培养目标、方案,统一于教学过程,统一于学分管理,统一于毕业要求。如安徽工商职业学院全面深化融实践教育、创新创业教育和大学生社会责任教育为一体的"三位一体"教学改革,培养具有社会责任感、创新精神和实践能力的高素质技术技能型人才。该学院结合实际,组织编制了《安徽工商职业学院大学生社会责任教育培养方案》,已取得阶段性成果。全面修订了人才培养方案,课程体系得到进一步优化,创新创业教育取得新突破。该学院2016年、2017年连续两年在安徽省职业院校技能大赛中取得团体第一名的好成绩,并在第二届安徽省"互联网+"大学生创新创业大赛暨第二届中国"互联网+"大学生创新创业大赛中取得新的突破,获得金奖1项、银奖4项。

二、多措并举,构建多元化校企合作

高等职业教育作为现代高等教育的一部分,其最显著的特点是培养学生的实践能力和操作技能,为社会输送面向基层、生产以及服务第一线的实用型专门人才。一是政校企协同发展推进。建立政府主导,校企协作,秉持"校企合作、工学结合、系统培养、双师教学、实践育人"的理念,紧跟技术前沿,倡导"专业共建、人才共培、资源共享"的"双主体"育人机制,让行业和企业技术骨干全程参与高职院校专业建设和人才培养,将培养学生的专业能力创新能力作为高职院校人才培养的核心,确保人才培养符合社会与行业发展的需求。二是改革和完善人才培养模式。改革和完善人才培养模式,探索高职院校学生"双创"能力培养实践研究的教育教学顶层设计、专业建设、课程建设、教学改革、实验实训、社会实践等方面的基本诉求,重点突出高职院校学生自主学习、创新意识、创新思维、创新方法培养,改革课程体系,优化教学内容。三是不断优化专业建设。高等职业教育专业建设,内容涉及校企共同研发人才培养方案,共建"双师型"教学团队,共同研发专业核心课程,双师教学运行与管理,产学结合人才培养考核与评估等方面。成立专业建设委员会和校企合作工作领导小组,紧跟人才市场和企业需求,保障学生的职业能力与"双创"能力等核心能力有效提高。四是深化教育教学改革。高职院校人才培养,必须改变以往传统的"以教师为中心、以教材为中心、以课堂为中心"的"三中心"教学方法。根据现代企业创新人才需求要求,创新教学方法,大力推行现代学徒制和顶岗实习等教学形式,以及项目教学法、任务驱动教学法、PBL教学方法等,让学生成为学习的主体。在教学中按照专业与产业和职业岗位对接、专业课程内容与职业标准对接、教学过程与生产过程对接、学历证书与职业资格证书对接,职业教育与终身学习对接"五个对接"要求,深化教育教学改革,形成系统性开放式的人才培养体系,通过实验实训提高高职院校学生就业能力与创新能力。五是加大实习实训基地建设力度。搭建校内生产性实习实训基地。将实训基地转变为学生的学习地和企业的生产地,不仅能够盘活资金,激发生产实训的活力,还能让学生时刻以企业生产标准要求自己,无形中提高学生的实践操作能力。搭建校外企业实训基地。校内实训基地的建设往往存在发展缓慢、与社会脱轨的现象,可以将实训基地建在企业内,高职院校将实训建设经费投入企业,协助企业更新设备,企业提供新型生产设备及场地;同时还可以将有经验的技工人才"请"入实训基地,进行现场教学,为学生的实训提供良好硬件支撑。如此一来,学生实训条件更优越,高职院校建设更完善,企业资金压力也得到缓解,可谓一举三得。

图5-1　安徽职业技术学院成功举办省高职院校企业文化进校园主题征文大赛

三、搭建实践平台,培养学生自主学习意识和能力

随着教育教学体制改革的不断深化,社会对高职院校学生进行理论与实践教育提出了更高的要求,即学生毕业后可直接上岗。近年来,虽然安徽省高职院校的整体教学和管理水平提升很大,但是高职院校学生毕业后的社会经济发展适应能力依然有这样那样的问题。高职院校教育教学实践中,应当树立人本教育理念,应当全面体现价值主体教育。对于高职院校而言,所谓人本,实际上就是要做到面向基层、生产和服务第一线,将高职院校的学生培养成综合实用型人才。高职院校应当坚持面向所有的学生,依法保障每名学生能够有平等接受教育的权利,从而为学生的健康发展创造条件。高职院校应当尊重学生,鼓励他们自觉而又主动地发展,培养他们的自主创新意识和实践能力,让他们既要掌握文化知识,又要掌握适应社会经济发展的能力,形成一个直接面向生产、面向社会的综合型人才定向培养系统。

学生的自我意识培养和发展过程,实际上是个体社会化的动态过程,同时也是个性形成的过程。从某种意义上来讲,学生自我意识的逐渐成熟,标志着学生个性和特点的形成,若能对自己有准确的认知,则很多问题都能够迎刃而解。在高职院校,学生是学习的主体,培养学生学习兴趣,提高自主学习能力,才能从根本上促进学生成长。一是开展职业生涯规划培训,提升发展空间。初入高职院校的学生往往缺乏人才培养意识,对未来就业缺乏科学规划,因此为在校学生开展专业发展介绍、职业规划培训和企业参观实践就显得尤为重要。学生只有了解专业就业趋向,才能回归学校、回归课堂、回归专业,提高学习兴趣,拓宽发展空间。二是注重课外生活建设,提高学习兴趣。学习不应局限于课堂,还要充分利用课外零星时间组建兴趣小组、社团活动、参观企业活动,不仅可以丰富学生第二课堂,还能提高学生学习兴趣。三是重视实践技能大赛,提高专业认知。除了日常学习,安徽省高职院校还对技能竞赛高度重视,积极组织学生参加各类技能大赛。现代工业发展日新月异,学生在校实训设备、实习项目往往落后于当下发展,技能大赛则采用更多新型设备,缩短了校企差距,为学生毕业就业提供了良好的发展平台。四是学校应当与企业之间建立密切的联系,让企业定期到学校做企业用人要求方面的诠释,给学生们讲解当前企业的用人标准等,从而为学生的顺利就业、及早适应经济社会发展打下基础。

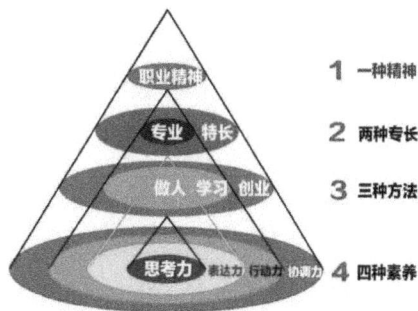

图5-2　合肥财经职业学院人才培养要求

高职院校人才培养质量的高低对"中国制造2025"起着至关重要的作用，这就要求高职院校在人才培养过程中能以理实结合为基本，以学生为主体，以校企合作为途径，构建特色的教学体系，为经济社会发展培养更多高素质技术技能型人才。

第六章 文化育人提升校企文化融通认知度和认同感

从高职院校德育培养目标来看,校园文化建设的目的在于育人。文化之"化",即教育人、影响人、陶冶人、教化人的意思。我们应当把学生当成"文化人"来看待,而不是"知识人"。实践证明,在学生的学习过程中有无文化的介入和渗透,有什么样的文化介入和渗透,其培养结果是大不一样的。学生如果没有坚实的文化积累、开阔的文化视野、深厚的文化素养,即使够聪明,也不是大智慧,也成不了大器。当然,校园文化作为学校教育活动的内容和途径不是独立存在的,而是与大学生的道德情操、知识技能、思维方式、心理素质和文化结构的发展紧密联系在一起的。

实现高职院校校园文化与企业文化融通,就要充分发挥校企文化的聚合优势,通过优秀的企业文化与具有鲜明特色的高职院校校园文化的最佳结合,更好地丰富校企文化内涵,全方位地吸收和借助企业文化中积极向上的内容,提升高职院校校园文化精神,打造校园文化精品,使高职院校真正发挥其培养人才、传播知识、服务社会的作用。

第一节 营造具有企业文化特色的校园氛围

中国经济转向高质量发展将企业人力资源质量和高校人才培养更紧密地联系起来,校园文化建设和企业文化建设反映学校和企业的软实力,高职院校要加强校企合作,对校园文化的建设进行统一规划,精心设计。与企业之间构建无障碍的文化交流平台,将企业文化中优秀的创新意识、竞争意识、责任意识及敬业精神、团队精神等引入校园文化建设中,并渗透学校的校风建设、学风建设当中,形成良好的职业教育氛围,帮助学生树立正确的职业观念,养成良好的职业习惯。可以与企业联合,开展丰富多彩的社团活动,举办文化节、科技节,安排各类学术讲座和专业竞赛活动等;也可以有效地利用各种媒介,如校园网络、校园广播、院系的宣传栏等,积极宣传优秀企业文化;还可以将企业中的管理者或优秀的员工请到学校来做报告、演讲等。通过他们真实的事迹来感染学生,实施润物无声的养成教育,进一步促进企业文化与校园文化的有机结合。

积极拓展精品文化载体。按照"精品活动学校统筹,特色活动各系主导,日常活动班级开展"的原则,安徽省高职院校、系学生会、学生社团要广泛开展主题鲜明、积极向上、参与性强、寓教于乐的校园文化艺术活动,拓展走下网络、走出宿舍、走向操场"三走"活动的领域和空间,因地制宜、因时制宜打造一批校园文化品牌活动,进一步丰富校园文化育人载体,在人才培养、教学科研、服务社会、文化传承中彰显具有行业企业特色的高职院校校园文化,融入行业企业核心价值理念,发挥企业文化育人功能,培养大学生职业精神,实现大学生与就业岗位无缝对接。打造校园精品文化融合载体,依托专利大赛等创新活动,形成学技能、练技能、比技能的"技能文化"。以校园文化艺术交流中心和各类讲坛等精品活动为载体,采集知名校友资料,征集和整理实物文献、拍摄纪录片等方式讲述校史、学校发展和励志故事等,让广大师生关注学校办学理念、文化特色、发展脉络以及核心价值观等,形成多元繁荣的"社团文化"。依托校园自然环境和人文环境建设,打造融合自然美、人文美、艺术美的"景观文化",充分发挥校园文化的育人功能。多措并举,形成具有生命活力和发展潜力的独特校园文化。

安徽省高职院校在注重知识和技能培养的同时,坚持文化育人的教育理念,注重学生的人格塑造和职业素养教育,提升学生综合职业素养;促进产业文化和优秀企业文化进校园、进课堂,引导学生树立立足岗位培训、增强本领、服务群众、奉献社会的职业理想,培养崇尚劳动、敬业守信、创新务实的职业精神。如宣城职业技术学院大力开展企业文化进校园活动,在冠名"慈兴班"中,渗透慈兴文化(见图6-1)。该院专门针对"慈兴班"开设了"企业特征的校园文化"研究课题,而慈兴集团每年拿出10万元的"慈兴集团奖学金"。为鼓励引导"慈兴班"学员到集团所属企业就业,"慈兴班"学员每月发放300元学历补贴,且在"慈兴班"就读期间均可计算工龄补贴。

图6-1 宣城职业技术学院"慈兴班"渗透慈兴文化

安徽职业技术学院举办以"奋斗的青春最美丽"为主题的第二届技能文化节,开展了"文化节吉祥物设计大赛""电子设计大赛""挑战杯推介活动进系部""挑战杯创业大赛""三走活动之大型集体舞比赛""职业生涯规划大赛""跳蚤市场营销活动"等26项赛事。通过文化节活动,有效提高了学院学生的创新能力和技能水平,营造出学院团结奋进、朝气蓬勃的文化氛围。黄山职业技术学院发挥黄山地区灿烂丰富的"徽文化"内涵和得天独厚的旅游资源优势,传承徽文化,打造徽品牌(见图6-2)。学院利用古徽州的深厚文化积淀和黄山茶产业,打造一批传承新安医学、徽派园林、徽派建筑、徽雕、徽菜、徽商、徽剧、新安画派等带有浓郁徽派印记的专业群,努力形成一批以旅游服务、旅游保健、餐饮管理为特色的旅游专业集群,为本地及周边地区培养了大量适宜的旅游服务技术技能人才,为徽文化传承奠定了人才基础。安徽财贸职业学院大力传承优秀徽商文化。其校园徽文化广场建有胡雪岩、陶行知、朱熹等人物雕塑像;露天剧场、水景广场、源脉雕塑、徽骆驼等浸润着浓厚的徽文化,对学生的成长成才起到了潜移默化的熏陶作用。通过举办徽商文化教育系列讲座、徽商文化图片展览,建设徽商数字图书馆、徽商文化展馆,开展新徽商企业家进校园、"徽商诚信伴我行"大学生社会实践活动等,丰富学生徽商文化底蕴,提升学院人才培养质量和社会影响力。安徽工贸职业技术学院文化载体多样。学院在长期建设发展中,深入探索以思想文化为中心、以科技文化为重点、以高雅文化为基础的主题鲜明、内容丰富、生动活泼、扎实有效的校园文化活动机制,大力培养学生的创新精神和实践能力。学院组织新生参观校史陈列室,牢记工贸精神,明确工贸办学特色;定期开展文明校园建设月、宿舍文化节、校歌及文明礼仪歌比赛等丰富多彩的科技文化艺术活动;同时以重大节假日、纪念日为契机深入开展学习教育活动。通过组织开展丰富多彩、积极向上的学术、科技、体育、艺术和娱乐活动,极大丰富了校园文化生活,提高了学生的综合素质。

图6-2 黄山职业技术学院举办茶文化学习交流实践活动

第二节 将优秀的企业文化引入高职院校课堂

在教学中,把企业管理和企业文化引入课堂,更好地按照企业的综合需求,有目标地培养学生,学生在校园就可以接受企业文化的熏陶,触摸市场的脉搏,把职业教育的办学方针和培养目标,通过创新课程体系在课堂教学中体现出来。加强"双师型"教师的培养,让教师不仅掌握企业的生产实践技能,而且能够浸润在优秀的企业文化中,之后在课堂教学中,老师才能有针对性地进行企业文化的宣传和讲授,让学生对企业文化有一个清晰的认识。此外,还可以邀请企业的管理者来校,利用课堂授课和开设讲座的方式向学生灌输企业的价值观念,员工应具备的职业精神、职业素质等;也可以邀请企业参与教学改革与课程开发,优化专业设置与课程设置,创新教学内容与教学方法,加强学校与企业的衔接。迎企入校,可以使学生在校就能够领略企业文化的内涵、要求与特点,加强学生对企业的认识,培养学生的主人翁精神和敬业精神,顺利实现由学生到企业员工的角色转换。

将企业文化精髓融入高职院校"三观"和"三风"教育中。"三观"指世界观、人生观和价值观,"三风"指校风、学风、教风。企业也有核心价值观和企业风尚,如创新、团队合作、责任心、以客户(人)为本等,因此找出与企业的核心价值观和企业风尚相协调的企业文化,凝练与"三观"和"三风"相契合的精神,在学校的规章制度、治学理念、校园环境氛围、课堂教学以及实践活动中加以引导和训练,形成学校与企业互通的文化生态,在思想意识层面向学生传播有时代感和普遍意义的企业文化基本内涵(见图6-3)。

图6-3 安徽城市管理职业学院学生跟岗实践

建立职业精神培育机制。通过加强高职院校校园文化建设、完善人文素养教育课程体系,推动学生职业技能训练与职业素养教育的融合。安徽省积极推进优秀产业文化进教育、企业文化进校园、职业文化进课堂,将人文素养和职业素质教育纳入人才培养方案,加强人文社科类课程、传统文化和国情类课程、人生与哲学类课程、文学艺术类课程和心理健康教育类课程建设;将思想政治理论课、职业指导和创业教育、中国传统文化、安徽地域文化、社交礼仪与大学语文等列为高职院校人文素质必修课程,积极推进高职院校人文素质课程公共平台建设,增加人文素质类选修课程;引入网络通识课程,通过大规模网络课程教学,实践探索翻转式课堂教学,实现人文科学素质课程教学普及化,不断提高大学生的综合素质。

第三节　创建真实的职业教育环境

高职院校在校园文化建设中,采用模拟仿真的手段,从实施仿真教学、组建学生社团、制定与企业相符的职业规范等方面入手,营造出一个逼真的职业教育环境,例如建立"校中厂"。近年来,安徽省高职院校校外实习、实训基地建设有了很大的发展,但是实训的效果并不理想。学生到企业去实习、实践,要受到很多客观条件的影响和制约。高职院校可以尝试进行课堂教学方式改革,建立"校中厂",开展仿真教学,将企业的工作流程引入实践教学之中,并将两者融合在一起,为学生提供一个更有效的准职业教育环境,让学生在准职业教育环境进行企业环境的实践培训,使之具备将所学知识和技能灵活地应用到实际工作的能力。在"校中厂"中,将学生课外文化活动与企业职工的文化活动结合起来,采用"请进来"的方式,与大型企业开展合作,举办校企联谊活动。由高职院校提供活动场地,企业提供活动经费,双方共同排演文艺节目。企业还可以借此机会召开年终总结表彰大会,企业劳模的感人事迹还能够深深触动与会学生。这种双赢的活动模式,使在校学生与企业员工交上了朋友,拉近了校园文化与企业文化之间的距离。同时可以有意识地将企业文化融合渗透在学生课外活动中,如举办职业生涯设计大赛,开展野外拓展训练,播放一些诸如描写公司发展的、反映企业成长历史的等能充分体现企业文化的影视片,在演讲比赛、辩论赛或文艺演出中融入企业文化的相关内容等,使学生潜移默化地了解和接受企业文化。还可以经常举办企业家报告会,邀请在国内外有较高知名度的企业高管来校为学生做专题报告,让将要走向社会和企业的学生了解企业的需要,尽早为就业做好心理和技能方面的准备。

组建模拟"企业实际"的学生社团。在营造职业教育环境中,模拟"企业实际"的学生社团发挥了独特的作用,如建立模拟超市、模拟银行、模拟公司等,在这样的社团中,学生不仅提高了职业技能水平,而且其交往能力和道德品质等综合能力都得到了很好的训练和提升。在仿真的微型职业实体中体验职业生活,培养了学生良好的岗位适应力。如芜湖职业技术学院经济管理学院综合实训超市日常的经营、维护与发展都由学生管理,这为学生的实践提供了更为真实可靠的基础条件,也为各高职院校学生之间的学习与交流提供了很好的平台。综合实训超市改变了传统的课本传授模式,采用真实的平台,面对真实的市场,给学生提供了真实的实践环境。参与学生在保证超市生产、经营需求的前提下,使库存量经常保持在合理的水平上;掌握库存量动态,适时、适量地提出订货要求,避免超储或缺货;减少库存空间占用,降低库存总费用;控制库存资金占用,加速资金周转等。这一系列实战使参与学生加深了对市场营销、经济管理等理论知识的理解,增强了实践的能力,并为其将来的就业提供了很好的技能基础。

制定模拟"企业制度"及"行为规范"。良好的职业习惯是职业素养的重要组成部分。可以尝试制定模拟"企业制度"和"行为规范",使高职院校学生的意识、行为规范与企业的规范贴近,从而保证高职院校毕业生的观念和行为举止"零距离"地适应企业。"汲取企业的管理经验和文化内容,强化诸如吃苦耐劳、敬业爱岗、团队协作、诚实守信等,与企业文化密切关联的教育内容。"例如,制定相关的高职院校学生管理制度,培养与企业员工相同的行为规范,制定高职院校学生校内实训的管理制度,以企业"准员工"的要求来规范学生的实习行为,如进实训室打卡、不许擅离岗位和大声说话等,让学生体验企业的制度管理,感受企业特色的文化教育,提高学生的职业素养。

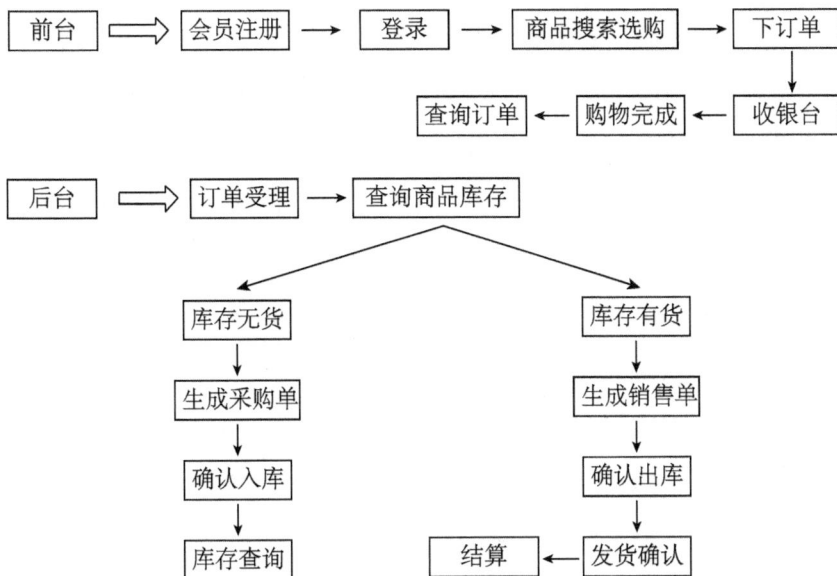

图6-4　芜湖职业技术学院大学生超市电子商务平台的基本流程

实现企业文化和高职院校校园文化的互补,应当成为当前构建和创新特色高职院校校园文化、推动高职院校健康发展的必然选择。高等职业教育者有责任通过不断地探索,构建全新的校企融合文化,培养出企业急需的下得去、用得上、留得住的优秀技能人才。

第七章 产教融合推进校企文化融通

2018年2月22日,《安徽省人民政府办公厅关于深化产教融合的实施意见》(皖政办〔2018〕4号)印发实施,该意见明确提出要提高行业企业参与办学程度,健全多元化办学体制,加快推进安徽省"双一流"大学建设和高水平综合型、应用型大学建设;促进职业教育特色化发展,加快省级职业教育示范"专业+实训基地"、示范职教集团、高技术技能人才培训基地和产学研合作联盟建设。通过10年左右的努力,基本实现教育和产业统筹融合,校企协同育人机制全面推行,需求导向的人才培养模式健全完善,高等教育、职业教育对经济发展和产业升级的贡献显著增强。

安徽省支持合芜蚌国家自主创新示范区、皖江城市带承接产业转移示范区发展高等职业教育,重点打造全国重要的先进制造业职业教育基地;支持皖北、皖南和大别山区统筹中高职发展,推进职教园区建设,打造一批"江淮工匠"培养基地;积极推进人才培养改革,深化产教融合和校企合作,以优势叠加的方式,开放并共建、共享实验室和实践实习基地,建立校企合作"双元制"。省级投入专项资金,大力实施卓越应用型人才培养计划;紧密依托行业企业,建立开放的人才培养体制;立项建设校企合作实践教育基地、产学研用合作联盟、省级实习实训基地。通过产教融合和校企合作,我省实现培养单位和用人单位的无缝对接。

第一节 集团化办学

安徽省高职院校应立足地方产业发展规划,面向区域产业转型升级需求,联合政府、行业协会、企业、科研机构、中职及应用性本科院校,参与集团化办学,利用安徽省示范性高职院校合作委员会(A联盟)、安徽省商科高职院校与企业合作教育联盟、安徽省市属高职院校联盟及部分市职业教育联盟、安徽省学前教育专业(专科)联盟等平台,激发学校办学活力,促进优质资源开放共享。合作过程中,积极引入企业资源,充分挖掘校企合作的内在契合点,建立"校企共融、文化共育、价值趋同"的文化交流平台和基于"情感和文化融合"的沟通机制,促进彼此间沟通和理解。积极落实文化强国发展战略,培育文化自信根基,广泛设立人文社科研究基地,构筑高职院校校园文化与企业文化融通高地。在国家出台相关政策和法律促进校企合作的基础上,根据安徽省实际情况,建立与完善有利于推动产教融合、校企合作发展的一系列政策法规,制定相应管理办法,使校企合作有法可依、有章可循。引导、鼓励与支持企业参与职业教育,提高企业参与的主动性和积极性,形成多元化的资金来源,实现投资主体多元化。

近年来,安徽省职教集团成员队伍不断壮大,集团内部管理和运行机制逐步完善,成员合作范围持续拓展,人才培养质量和社会服务水平明显提升。其中,安徽汽车职教集团、安徽卫生职业教育集团、安徽国防科技职业教育集团、安徽江淮(工程)职教集团、安徽国际商务职业教育集团、安徽大别山职业教育集团、淮北现代农业职教集团、合肥市现代职教集团等8家职教集团尤为突出。各职教集团认真贯彻《安徽省教育厅 安徽省经济和信息化委员会关于推进职业教育集团化办学的指导意见》(皖教职成〔2016〕12号)精神,以建设现代职业教育体系为引领,以提高技术技能人才培养质量为核心,以深化产教融合、校企合作,创新技术技能人才系统培养机制为重点,严格按照章程运作,创新集团治理结构和运行机制,推进集团特色发展。如安徽商贸职业技术学院依托校企合作理事会,积极推进校企合作办学,服务商业发展。与荣事达集团创建了董事会体制下的"荣事达阳光学院"、与顺丰速运合作成立"顺丰班"、与相关企业合作创建了11个艺术设计类企业化工作室。该院在合作企业中创建了多个企业教师工作站,全年派遣了11名教师进驻教师工作站为企业开展各种技术服务。该院组建的现代服务业技术服务中心,面向现代服务业开展物流规划、管理咨询、营销策划、资产评估等服务,实现技术服务收入350万元。为浙江人本超市有限公司、合肥荣事达太阳能科技有限公司等合作企业提供卖场管理技能、市场营销管理、会计操作实务等实践操作技能培训,培训人次达9036人次;面向社会开展43个工种的技能培训和鉴定工作,全年累计完成23654人次的鉴定培训工作。六安职业技术学院以安徽大别山职业教育集团为依托,充分发挥高职院校的引领作用。通过多方协作,完成与六安市域5县3区政府签订职教战略框架协议,建立六安职业技术学院各县区分院,实现职教专业合理布局,进一步扩大区域职业教育规模,实现中高职在培养通道、课程体系、技能培养、师资建设、基地建设的有效衔接。但同时,受体制机制等多种因素影响,人才培养供给侧和产业需求侧在结构、质量、水平上还不能完全适应,"两张皮"问题仍然存在。校企合作深度不够,企业积极性不高。产教融合、校企合作缺乏有力的政策和法律保障措施,校企合作的深度广度有待进一步拓展,难以形成深度融合。

第二节 现代学徒制试点

安徽省积极探索现代学徒制试点,推进人才培养模式改革。《安徽省人民政府关于加快发展现代职业教育的实施意见》提出,要实施职业教育服务企业转型升级工程,开展以"招工即招生、入厂即入校、校企双师联合培养"为主要内容的现代新型学徒制试点。按照《教育部办公厅关于做好2017年度现代学徒制试点工作的通知》（教职成厅函〔2017〕17号），开展2016年备案的第一批安徽职业技术学院、芜湖职业技术学院、安徽机电职业技术学院等3个现代学徒制试点的年检工作，遴选确定7个第二批现代学徒制试点单位报教育部。同时，加快建设30个省级学徒制试点。安徽省重点探索现代学徒制的人才培养模式和管理制度。各试点学校围绕学校主体专业和区域主导产业人才需求，联合企业进行试点。通过多方联动、积极探索、共同推进，创造了一些有益的经验，丰富了现代学徒制内涵，取得了阶段性成效。

安徽省高职院校在现有校内外办学资源基础上，进一步推动校企合作、产教融合，建设校企协同育人新机制。根据教育部《关于开展现代学徒制试点工作的意见》，现代学徒制试点高职院校依托集团化办学企业资源，积极争取政府的支持，遴选优势专业与知名企业试行现代学徒制。校企双方共同研制招工招生、培养、就业方案，实行工学交替下的弹性学制，建立校企共同考核评价机制；建立职业精神培育机制，学徒班通过加强校园文化建设、完善人文素养教育课程体系，推动学生职业技能训练与职业素养教育的融合；推进优秀产业文化进教育、企业文化进校园、职业文化进课堂，不断提高学徒班大学生的综合素质。如安徽职业技术学院根据现代学徒制人才培养需要，学校酒店管理专业采取"12345"的人才培养模式，即一个中心（以学生为中心）、二元育人（校企双方）、三个主体（学校、企业、学生）、四个融合（教室与店堂、教师与师傅、考试与考核、学历与证书）、五个共同（共同制订人才培养方案、共同开发理论课与实践课教材、共同组织理论课与实践课教学、共同制订学生评选与考核标准、共同做好学生实习与就业工作），不断深化产教融合、校企合作，工学交替、实岗育人。经过长期努力，取得了丰硕成果。安徽机电职业技术学院与企业合作开发了"学校课程+企业课程"现代学徒制课程体系，其中企业课程根据合作企业特点不同而制定。面向岗位的企业素质课程、企业专项课程以及岗位实践课程，主要由企业师傅进行指导。

安徽机电职业技术学院模具设计与制造专业与企业共同开发了《模具精密平面成型研磨》实训指导书。由瑞鹄公司独立开发的实训教学教材《模具钳工技能提升教程》和《数控技能提升教程》已经应用于2015级瑞鹄模具学徒制班教学中。校内主导重点建设了《塑料模具与设备》《模具CAD/CAM》《模具典型零部件制作》《模具价格估算》等4门项目化课程，且建成3门慕课课程，开发1本校本教材。

芜湖职业技术学院与上海金纬机械制造有限公司在电气工程学院机电一体化、电气自动化等专业共同创办校企合作班"金纬班"，经过多年的实践，"金纬班"在校企双主体合作育人，现代学徒制人才培养等方面取得了丰硕成果。一是双主体办学，校企合作更有效、更持久；二是企业专人驻校管理，加强日常工作的精细化管理，着力学生职业素养的养成；三是打通毕业生职业成长的通道，增强班级吸引力，形成校企合作的长效机制；四是赴企业"一带一"实习初具现代学徒制人才培养的雏形；五是企业特色课程助力复合型人才培养；六是打造积极向上的班级文化。"金纬班"现已成为芜湖职业技术学院校企合作班的品牌，具有广泛的影响力和良好的口碑，每年新生入学后组建"金纬班"时，报名学生多达300余人。"金纬班"合作案例曾代表安徽省参加全国高等职业教育成果展，获广泛好评，《安徽青年报》等媒体也进行了专题报道。

在看到成绩的同时，我们也要直面安徽省现代学徒制试点工作面临的诸多困难。从宏观层面来说，当前国内学术界对现代学徒制的本质特征还没达成共识、典型特征意见不一，"学校热企业冷"现象频现、社会认同感偏低等。微观层面主要有批量培养短期难执行、校企合作平台难搭建、考核评价难到位等。学界要进一步加强研究与实践，认清现代学徒制的本质和典型特征；对企业采取鼓励或强制措施，解决"学校热企业冷"现象；多层面努力，提升现代学徒制社会认同感；有所为有所不为，逐渐扩大试点范围和规模；多管齐下，扩展校企合作平台；多方式推进，提高现代学徒制考核评价的可信度。

第三节　强化实践教学基地建设

安徽省高职院校强化实践教学基地建设,依托集团化办学或高校联盟,校企共同改建、扩建集生产、教学功能于一体的嵌入式"校中厂""厂中校",校企共同培育学生的职业操守。同时,与知名企业合作开展订单班,将企业文化带进课堂,全方位培养学生职业能力。

一、加强实习实训基地建设,强化学生实践能力

为推动高等职业教育内涵发展、融合发展和特色发展,安徽省教育厅会同省财政厅启动了高职院校优势特色发展项目,制定了《省属公办高职院校优势特色发展项目实施暂行办法》,确定2017—2019年全省认定实习实训基地建设项目30个,每个奖补标准300万元。印发《安徽省教育厅　安徽省财政厅关于做好省属公办和民办高职院校实习实训基地建设项目申报工作的通知》和《安徽省教育厅关于做好市属和国有企业举办高职院校实习实训基地建设项目申报工作的通知》,积极组织安徽省高职院校围绕社会急需、量大面广的应用型专业申报实习实训基地,其中26所省属公办高职院校申报基地项目48个、14所市属高职院校申报基地建设项目14个。经专家委员会审核,共遴选30个省属、14个市属高职院校实习实训基地建设项目,获省财政经费支持1亿元,带动地方政府投入近5000万元。依托基地,实施"做中学、做中教"教学模式,推行实践育人。毕业生就业能力、就业质量显著提升,如安徽交通职业技术学院成功开发合肥轨道交通1号线车辆VR检修实训系统。城市轨道交通车辆VR检修是一套技术先进,理念创新的仿真培训系统。该系统采用虚拟现实(VR)和三维仿真(3D)技术,按照合肥轨道交通1号线车辆VR检修实训系统的作业流程,从合肥轨道公司1号线车辆段采集获取一手场地、设备、故障资料,并在研发过程中聘请地铁公司的专家名师对产品

功能进行专业性指导。

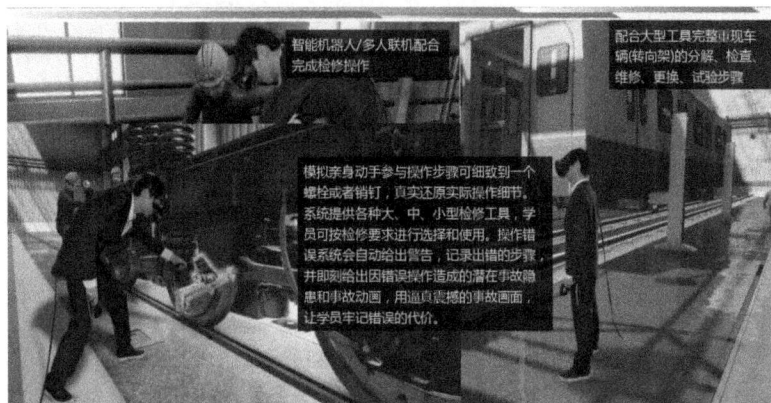

图7-1　VR检修场景

二、探索订单培养模式，提升学生综合素质

随着我国经济转向高质量发展，作为以培养高素质技术技能人才为宗旨的高等职业教育的重要性愈发凸显，其贴近市场，贴近企业的办学特点日趋明显。多年来，安徽省深化校企合作、产教融合，推进人才培养模式的改革与实践，形成了独具特色的多类型订单式人才培养模式。如安徽机电职业技术学院自2003年开展"订单式"人才培养以来，不断深化校企融合，开发多类型订单模式，逐步形成了"行业合作式""订购式""定岗式""全程校企一体式"等四种具有学院特色的、可供借鉴的订单培养模式。积极构建招生、培养、就业联动机制，丰富订单式培养内涵，拓展订单培养合作企业，集聚校企优质资源。"订单式"人才培养优化了该院专业设置，加强了师资队伍建设，提升了基地建设水平，提高了人才培养质量，吸引了优质企业投入，保障了企业人力需求，建立了合作育人机制，实现了人才培养的开放式、职业化。企业主动通过减免学费、捐赠设备、设立奖助学金等方式，深化校企合作，推进协同育人，形成了良性循环。该院订单培养规模不断扩大，每年通过订单班实现就业的毕业生占1/3，实现了校企生三方共赢，就业率一直保持在98%以上，专业对口

率和就业稳定率不断提高。该院多类型订单培养得到了社会广泛认同,曾在中国机械工业教育协会高职委员会合作共建经验交流会上作了"订单式"人才培养模式典型经验介绍,得到与会人员的充分肯定,并在全国推广。该院先后接待省内外30余所高职院校来校考察交流,多类型订单式人才培养模式等方面的做法与经验,得到兄弟院校同仁的高度评价。该院作为A联盟成员单位,在全省高职院校人才培养模式改革中起到了引领和示范作用。该院与新疆石河子职业技术学院、亳州职业技术学院、安徽汽车工业学校、安徽扬子职业技术学院等院校建立了对口支援与交流关系。通过师资培训、实训基地、资源库与图书共享、联合培养学生、开展职业技能大赛培训等,该院订单式人才培养模式改革、校企合作、项目化管理模式等方面的做法与经验,对西部高职院校和受援院校起到了借鉴作用。安徽水利水电职业技术学院与合肥三立自动化工程有限公司签订了"校企合作订单培养"协议。合肥三立自动化工程有限公司是集水务工程智能仪表、工业自控工程、水务信息化工程、水务自动化工程设计、开发、安装为一体的专业化企业,是安徽省科技厅认定的高新技术企业,该院与该公司合作进行人才培养,使学生的专业学习更贴近工作岗位需求,进一步提高了相关专业学生的就业对口率。该院与科大讯飞公司进行校企合作,共建科大讯飞订单培养班,实现校企的无缝对接,为学生的成长成才拓宽了道路。

图7-2　"科大讯飞共建班"成立仪式

第八章 技能大赛拓展校企文化融通

近年来,安徽省将各类技能大赛引入教学环节,实施弹性学分制,鼓励以赛代教、赛教一体、以赛代考、赛考一体等方式进行学分折算。举办全省职业院校职业技能大赛等一系列的省级比赛以及承办和参加国家级职业技能竞赛,使大学生感受企业文化、认同企业文化,提升高校专业特色和知名度,提高学生的创新创业意识和职业发展能力。每年,安徽省高职院校投入1000多万元用于开展职业技能竞赛,参与人数有六七万人次。安徽省高职院校2018年在全国职业院校技能大赛中一举获得一等奖27个、二等奖54个、三等奖60个,获奖总数达141个,获奖成绩在全国名列前茅。如安徽工商职业学院高度重视技能竞赛工作,建立了院级、省级、国家级"三级"竞赛机制,加大力度、强化措施、搭建竞赛平台,有力地促进了学生技能水平的提高。该院注重强化技能大赛的普惠和成果转化,技能大赛对该院师资队伍建设、校企合作、实训基地建设、课程改革等教学改革的各个领域起到了巨大的推动作用。同时,不断成长的师资队伍、良好的实训环境、深度融合的校企合作也成为该院在各级技能比赛中不断取得优异成绩的重要保障。各专业积极总结技能大赛经验,进一步推动了技能大赛对该院教学改革的引领作用,实现了技能大赛与教育教学改革之间的良性互动。安徽国防科技职业学院大力推进"以赛促学、以赛促教、以赛促改",把参加职业技能大赛作为全面提高实践教学水平和学生技能的一个重要手段,作为检验教育教学质量的重要平台,作为专业实践教学的有效延伸。专业教学改革和技能大赛相结合、"双师教师"与

"双证学生"相结合、全面参与和重点项目突破相结合，是该院在各级职业技能大赛不断取得突破的制胜法宝。

第一节　以技能大赛为契机引入企业文化

以技能大赛为切入点，将企业文化引入高职院校，通过一系列文化识别系统和具体操作流程，最终融入高职院校校园中，形成职业氛围和校园气息两者兼备、崇技尚能的高职院校校园文化。

图8-1　教育部-中兴通讯ICT行业创新基地

主办方和参赛院校、观摩院校要高度重视。一般来说，全国职业院校技能大赛的主办方和承办方多为各政府部门、行业协会等，号召力强，可在具体指导大赛的过程中呼吁更多的优秀企业参与，扩大赛事在企业中的影响面，吸引更多企业关注、配合赛事。同时，在开展技能大赛的相关文件中应强调企业文化要素的体现，鼓励参赛院校多方汲取优秀的企业文化。作为观摩或参赛的高职院校，更要在赛前培养参赛师生关注赛事和企业文化的意识，以竞赛促教学，培育其职业能力。在专业人才培养过程中，各观摩和参赛高职院校要重视学生实践技能的培养，依据地方经济社会发展现状，根据各专业的具体情况，有重点地进行教学改革，将市场需求和具体课程相结合，优化课程设置,形成符合社会需求的人才培养体系,鼓励教师带领学生参加各种技能比赛,提高学生的职业能力。

协办大赛的高职院校要积极推动优秀的企业文化在赛事中得到充分的展示,给所有参赛院校以启发。负责大赛的高职院校必须要做这项工作的先行者和主要推动者,在赛事工作方案的制定、实施和执行中为企业文化的引入提供一席之地。如安徽机电职业技术学院已承办多届全国职业院校技能大赛,在承办的"机械设备装调与控制技术"和"风光互补发电系统安装与调试"赛项中高度重视校企文化交融,在技能大赛举行中尝试为企业文化进入校园开辟多种通道。企业文化的融入使校园文化的结构产生了许多变化,使师生的职业观也发生了悄然变化,崇技尚能的理念已成功入驻校园。该院组建中国非物质文化遗产创研中心、机械工业教育发展中心皖江名家讲堂、江南文化研究中心、皖浙校园文化艺术交流中心、高等教育改革与发展研究中心等人文社科研究基地,构筑高校校园文化与企业文化融通高地。2017 年,《基于现代学徒制的铁画锻制技艺非遗传承人才培养模式的改革与实践》荣获安徽省教学成果特等奖。2018 年,《服务智能制造产业发展,"五度引领,五业联动"协同育人模式创新与实践》获得国家级教学成果一等奖,这是该院首次获得国家级教学成果一等奖,也是安徽省首个职业教育国家级教学成果一等奖,取得历史性重大突破。该获奖成果是学校长期以来深化教育教学改革,推进内涵建设的结果,是学校近年来立德树人、教书育人和教学改革等方面特色与成效的具体体现。

第二节　技能大赛全过程融入企业文化

技能大赛承办院校要坚持"以赛促学、以赛促教、以赛促改",努力做到在赛事举办的全过程、全方位融入企业文化,拓宽学生的成才之路,提升学生的就业创业能力,实现就业的无缝对接。

一、大赛筹备阶段

校方要为企业文化引进校园构筑通畅的实施渠道,将此项内容纳入赛事筹备工作中,并安排专人重点负责、跟进,通过向与校方有合作的企业、行业内其他企业发出观摩邀请等,吸引企业为大赛冠名、免费提供赛事设备等。结合赛事要求,选派参与赛事组织工作的教师提前前往优秀企业学习,感受企业优秀的生产、经营和管理等文化。在赛前的校园环境布置中,校方可以通过横幅、电子显示屏、宣传栏、宣传展板等载体充分宣传优秀的企业文化精髓,在校园中营造浓厚的企业文化氛围。同时,在具体赛场的布置中,可以设立企业文化展示牌、企业设备展示台、生产区和非生产区的隔离指示、安全生产警示标语等标识,模拟企业真实生产环境,使现场具有鲜明的企业文化特征,从而提升参赛选手的职业感。在竞赛标准的判定上,校方要在遵守大赛相关规定的前提下,多方征询意见,考虑企业实际操作规则和程序,尽量与企业要求接轨,充分体现企业的用人、生产和评价标准。在参赛设备的选择上,校方也要结合高职院校学生职业特色,多采用既能反映企业真实生产过程又能便于操作的生产、教学一体化设备,通过设置具体的操作环节来考察选手的安全意识、团队合作意识等,最大限度地考察选手的技能,提升参赛院校和学生的职业敏感度。

二、大赛赛事过程

企业文化通过赛事过程向参赛师生得以渗透的一个重要因素是裁判员。裁判员相当于企业中的生产管理者和经营管理者,他们对选手操作是否规范的裁定不仅会影响到最终的比赛结果,更会影响选手对于企业真实工作岗位的认知,其言行就是企业文化的一种体现。因此,校方可以向大赛组委会推荐企业实践经验丰富的工程师或者具有企业工作背景的教师共同组成裁判团队,并组织裁判员进行相关培训,要求他们执法赛事严格遵守大赛标准,遵守企业生产的相关规定,在操作细节上规范动作,以此来确保技能大赛的公平性和公正性。校方也可以在大赛主页、大赛微博、赛事简报等宣传媒介上有意识加强企业文化方面的宣传。

图8-2　安徽省连续3年承办全国职业院校技能大赛(高职组)分赛事

三、赛事结束

针对技能大赛,校方可以向大赛组委会建议,设立企业杰出贡献奖等奖项,奖励对大赛做出突出贡献的企业,鼓励更多的优秀企业关注大赛。在企业职工技能大赛结束后,可评选出最佳企业团队等,重点诠释团队的优秀表现及背后凸显的一系列企业文化。同时,大赛组委会也可在赛后召集高职院校和企业面对面,就如何促进高职校园文化与企业文化进行有效的、深层次的融通开展主题交流或研讨,进一步推动企业文化在校园中落地生根。

四、探索反思

探索"校内实训+技能竞赛实战+校外实习"人才培养模式,提高企业文化认知度和认同感。校内实训突出学生职业技能培养的针对性,强化学生职业素质培养,使职业技能提高与职业精神培养相融合的主线更清晰。校企合作编写实训规章制度,规章制度融入企业文化元素和企业核心精神,并悬挂在实训室墙上,使学生在校内实训过程中就受到企业文化的熏陶。汇聚教授、技能大师的力量,实行校企双导师制,制定激励性教学酬金制度,鼓励一流师资积极参与校内实训,提升学生综合素质,更好地适应企业需求;将各类技能大赛引入教学环节,实施弹性学分制,鼓励以赛代教、赛教一体、以赛代考、赛考一体等方式进行学分折算。通过承办和参加各级各类技能大赛,如大学生国际贸易技能大赛、英语竞赛、数学建模竞赛、计算机设计大赛、原创动漫大赛等,使大学生感受企业文化,认同企业文化,提升高校专业特色和知名度。校外实习分每学期的校外短期实训和毕业前的顶岗实习两类,能系统地培养学生的岗位职业能力和创新创造能力。校外实习考核以学生工作岗位绩效和职业素养为主,通过全面了解企业现状,使学生提高对企业文化的认知度和认同感,理性就业。

第三节 以技能大赛为抓手,提升学生就业创业能力

一、打造竞技平台,促进学生高端就业

安徽省认真开展省级高职院校技能大赛,2018年设财经商贸大类、电子信息大类、公共管理与服务大类、交通运输大类、教育与体育大类、旅游大类、能源动力与材料大类、农林牧渔大类、轻工纺织大类、生物与化工大类、土木建筑大类、文化艺术大类、医药卫生大类、装备制造大类、资源环境与安全大类等专业大类56个项目,高职组评出197个一等奖、365个二等奖和527个三等奖。积极争取安徽省再次成为全国职业院校技能大赛分赛区,指导安徽机电职业技术学院成功举办"风光互补发电系统安装与调试"赛项,教育部财务司副司长钟泽海专程来皖参加启动仪式并给予高度评价。2018年,安徽机电职业技术学院在"以赛促学、以赛促教、以赛促改"的教育教学改革理念带动下,成功承办了全国职业院校技能大赛(高职组)1个赛项和安徽省职业院校

技能大赛"工业机器人技术应用"等5个赛项。通过承办和参加职业院校技能竞赛,该院将技能大赛的办赛目标、实施过程、比赛内容、评分机制等引入教学改革与教学管理中,使专业建设与大赛相结合,实训条件建设与大赛场地设备要求相结合,深化了专业内涵建设,提升了技术技能人才培养质量。2018年,该院学生在全国及安徽省职业院校技能大赛中共获奖46项,其中全国一等奖3项、二等奖2项、三等奖5项,安徽省一等奖10项。安徽省规定,获全国职业院校技能大赛三等奖及以上奖项或省级职业院校技能大赛一等奖的高职院校学生可免试入读本科。该院还把学生职业素质养成评价、职业资格证书评价与用人单位评价有机结合,在人才培养过程中突出职业特性。在此基础上,学院还开辟了"企业文化长廊"和"优秀校友风采走廊",校企文化融通无间,让学生置身其中,接受现代企业文化的熏陶;开设"校友大讲堂",举办"企业专家进校园"活动,让学生足不出校就认识社会、认识工作岗位的要求,使企业岗位能力标准与学生课堂所学"零距离"对接,使学生一上岗便能很快"上手"。因此,该院毕业生表现出较强的首岗适应能力、多岗迁移能力和可持续发展能力,赢得了用人单位的欢迎和好评,毕业生就业率连续十年保持在96%以上,专业对口率和薪酬待遇等指标均位居省内高职院校前列。

安徽工商职业学院技能竞赛取得突出成绩。2017年,安徽工商职业学院在安徽省职业院校技能大赛中继续蝉联榜首,并获得"优秀组织奖"。在全国职业院校技能大赛中,获得一等奖1项、二等奖8项、三等奖1项,获奖比例达到100%。2010—2017年,该院在安徽省职业院校技能大赛中共获得230个奖项,其中一等奖106项、二等奖86项、三等奖38项;在全国职业院校技能大赛中共获得99个奖项,其中一等奖22项、二等奖47项、三等奖30项。其在全国职业院校技能大赛国赛中一等奖占比达全省的40%以上,位居安徽省高职院校奖牌榜榜首。

二、以比赛为抓手,提高学生职业能力

安徽省举办"企业杯"学生科技活动和专业技能竞赛,将创新意识、科技意识、市场意识等企业文化的内涵有效融入,由企业冠名并提供比赛经费,由企业委派技术人员担任指导老师和评委,设计作品也由企业优先采用。这种方式使学生的设计活动与企业和市场更为贴近,有的设计作品已经投入生产,获得了一定的社会和经济效益,同时也为企业挑选优秀毕业生创造了机会,提供了平台。如安徽工贸职业技术学院遵循"明德、笃学、精艺、尚新"的校训,坚持"以赛促学、以赛促教、以赛促改",积极组织学生参与专业技能竞赛,拓宽学生的创新创业成才之路。该院根据各专业的不同特点,大力开展教学改革,每学年都举办技能竞赛月活动,开展形式多样、专业全面、参与广泛的各项学生技能竞赛活动,同时通过强化实践教学、出台支持政策等措施,有效地推动了职业技能大赛赛事成绩,人才培养工作实现新突破。其中,计算机应用技术专业进行个性化教学模式改革,根据岗位需求开设网站建设与管理和数字媒体设计两个专业方向。学生在重视实践技能养成的基础上,将中国大学生计算机设计大赛引入教学,有效提高了学生的职业能力。2017年,该院在中国大学生计算机设计大赛安徽省级赛中荣获一等奖1项、二等奖2项、三等奖1项,鼓励奖若干项(见图8-3)。软件技术专业学生将具体的软件工程项目引入日常教学中,由专业课教师和软件开发工程师共同进行指导,有力增强了学生的软件开发和项目建设能力。2017年,该院在安徽省大学生程序设计大赛高职高专组荣获一等奖。计算机网络技术专业学生由老师带队,通过校企合作,深入网络工程项目建设现场进行工程项目实践,同时将安徽省职业院校职业技能大赛计算机网络应用赛项引入教学,提高学生的网络组建能力。

图8-3 安徽工贸职业技术学院学生省赛一等奖证书

安徽省高职院校充分利用各级各类技能大赛契机,使校园文化全面融入企业文化,为学生提供了更多的走向社会、深入企业的机会,让他们在离校之前就感受了企业员工坚韧不拔和吃苦耐劳的精神品质,这有效地帮助他们主动调整心态、重新进行自我定位,提高了他们毕业后到企业的适应能力,从而实现高职院校毕业生与市场无缝对接和"零距离"就业。

第九章　创新创业引领校企文化融通

2016 年，安徽省人民政府办公厅出台《关于深化高等学校创新创业教育改革的实施意见》，安徽省教育厅印发《关于进一步加强大学生学科和技能竞赛项目管理的意见》，为推进全面创新改革试验区建设和促进大众创业、万众创新提供政策支持。近年来，安徽省教育厅积极落实《安徽省人民政府办公厅关于深化高等学校创新创业教育改革的实施意见》，以创新创业教育示范校和创业学院为引领，以学科技能大赛为抓手，积极推进创新创业教育改革，取得了丰硕成果。

第一节　打造创新创业教育改革示范高校和创业学院

创新创业教育改革示范高校是中华人民共和国教育部批准的"双创示范高校"，是全面贯彻落实党的十八大关于创新创业人才培养的重要部署，是贯彻落实《国务院办公厅关于深化高等学校创新创业教育改革的实施意见》（国办发〔2015〕36 号）精神，根据《教育部办公厅关于开展首批深化创新创业教育改革示范高校认定工作的通知》（教高厅函〔2016〕92 号）的要求，在高校自主申报、省级教育行政部门遴选推荐、教育部组织专家审核认定的部委联合实施的国家战略项目。创新创业教育改革示范高校是国家实施创新驱动发展战略、促进经济提质增效升级的迫切需要，是推进高等教育综合改革、促进高校毕业生更高质量创业就业的重要举措。其目的是要进一步深入推进创新创业教育改革,切实发挥好示范引领作用。2017年,安徽省教育厅组织安徽省高校申报教育部第二批深化创新创业教育改革示范高校,芜湖职业技术学院等4所高校获批国家级深化创新创业教育改革示范高校。

创业学院,是指高等学校(含技师学院)自主建设,通过整合学校、政府和社会的政策、项目、资金、专家等资源,通过开展创业沙龙、创业大讲堂、创业训练营等培训活动,组织创业计划、科技创新、创意设计等专题竞赛,提供项目对接、产权交易、创业辅导等专业服务,进一步增强学生的创新精神、创业意识和创造能力,让更多毕业生把握创业机会、捕捉创业商机,实现创新创业项目向实际应用的转换。为打造全链条创新创业人才培养模式和载体,2016年安徽省人力资源和社会保障厅、省发展和改革委员会、省经济和信息化委员会、省教育厅、省科技厅、共青团安徽省委联合下发《关于第一批创业大学和创业学院申报备案的通知》(皖人社秘〔2016〕230号),公布了安徽省第一批创业大学和创业学院名单。25家单位共同获批成为安徽省第一批省级创业学院,其中高职院校创业学院有合肥职业技术学院创业学院、安徽职业技术学院创业学院、安徽国际商务职业学院创业学院、安徽城市管理职业学院创业学院、安徽财贸职业学院创业学院、马鞍山职业技术学院创业学院、马鞍山师范高等专科学校创业学院、安徽机电职业技术学院创业学院、芜湖职业技术学院创业学院、池州职业技术学院创业学院等10家。2017年,安徽省教育厅等6部门又开展了创业大学和创业学院申报备案工作,15家单位获批成为安徽省第二批省级创业学院,其中6所高职院校入选,分别是合肥财经职业学院、安徽中澳科技职业学院、滁州职业技术学院、六安职业技术学院、安徽商贸职业技术学院、铜陵职业技术学院。

创新创业教育改革示范高校和省级创业学院发挥示范带动作用,进一步整合高校、政府和社会的政策、项目、资金、专家等资源,打造全链条创新创业人才培养模式和载体,让更多的高校毕业生把握创业机会、捕捉创业商机,实现创新创业项目向实际应用的转化。如安庆职业技术学院2016级市场营销专业学生刘国强,安徽公益网创始人,热心公益事业,在公益网上开辟求助信息专栏发布求助信息,帮助受助人群。2016年,举办玫瑰花义卖活动,将义卖所获款项三万余元全部捐献给了当地一位患有白血病的大学生,被搜狐网、安徽文明网等媒体报道。2016年年底,刘国强一举斩获"昆山花桥杯"第十一届安徽省大学生职业规划设计大赛暨大学生创业大赛创业组金奖。滁州职业技术学院健全创新创业教育课程体系,该院全面推行学分制人才培养改革,创新创业教育课程设6个必修学分。该院建设大学生创业孵化基地,占地面积2000平方米,有31个25—50平方米的工作间,可同时容纳30多个创业团队。该基地被安徽省人力资源和社会保障厅评为"省级大学生创业孵化基地(AA级)",被市科技局认定为市级众创空间,并获得20万元的资金。该院成立"新天地众创空间",开拓校外创业实训基地12个,聘请成功企业家进校园结对帮扶学生创业。在"昆山花桥杯"第十一届安徽省大学生职业规划设计大赛暨大学生创业大赛中,该院3支代表队均以优异成绩夺得大赛金奖。安徽机电职业技术学院推进"专业学习+创新创业能力培养"的双教学模式。该院以培养专业基础扎实且具备创新精神和创业能力的复合型人才为目标,形成以专业教育和创新创业教育相融合的主线,不断扩大创新创业教育受益面、创业项目孵化面和创业教育影响力,提高学生自主创业率。该院汽车与轨道学院为推进"专业学习+创新创业能力培养"的双教学模式,通过专业教师与企业技术人员合作,对学生进行创新创业指导与评估。该院胡浩亮同学发明的翻转式废料倾倒小车具有良好的实用推广价值和加工性,目前已对其结构进行三维软件建模和结构优化,并委托芜湖瑞佑工程设备技术有限公司对其进行样件生产。胡浩亮同学现已申请注册"芜湖创智机械技术有限公司",对其发明产品进行市场化运营。同时,胡浩亮同学代表该院参加2016年"挑战杯·彩虹人生"安徽省职业院校创新创效创业大赛,荣获了银奖。

第二节　强化创新创业教育

安徽省以深化创新创业教育改革为着力点,创新人才培养机制,整合创新创业教育要素与资源,协同推进、开放合作,形成全力支持创新创业教育和学生创新创业的良好环境,把创新创业教育贯穿人才培养的全过程。

创业是更高层次的就业,安徽省高职院校积极营造创新创业文化氛围,倡导敢为人先、宽容失败的创新文化,树立崇尚创新、创业致富的价值导向,大力培育企业家精神和创客文化,将奇思妙想、创新创意和"金点子"转化为创业行动。深入探析高等职业教育对企业文化的需求,着力营造企业育人情境和氛围,积淀丰富的创新创业文化,组建由创新创业教育教师以及企业、专家组成的创新创业导师团参与学生创新创业工作,从而实现可持续发展。优化大学生创新创业训练体系,开展大学生创新创业训练指导,设立"讲堂班""沙龙班""体验班"等教育项目,开发"模拟班""特训班""深造班"和"游学班"等独具特色的创业班,培养有强烈创业意愿的同学成为创业"种子选手"和"创业引领者"。以创业带就业,完善大学生创业模拟实训中心、大学生创业孵化基地、大学科技园建设,强化孵化器功能,吸引各类创业投资,引导和推动创业孵化与教科研技术成果转化相结合,完善技术支撑服务体系。不断完善《大学生科技创新工作管理办法》等规章制度,并投入专项资金建设创客空间、创新工场,为学生创新创业提供硬件保障,推进专业实训室等各类创新资源向学生免费开放,为大众创业、万众创新提供有力支撑。

图9-1　大学生创业意识培训班、创业模拟实训班正式开班

安徽省高职院校积极推进创新创业教育,搭建创业教育平台。部分高职院校通过开设"SIYB"(创办和改善你的企业)、"GYB"(大学生创业意识)培训班等创业教育课程,提升学生的创新意识和创业能力;大力开展创新创业类活动,搭建创业竞赛平台;整合各种资源加大创业孵化基地的建设力度,搭建创业实践平台。2015届高职院校毕业生自主创业的比例为2.04%,比2014届毕业生高0.33%,2016、2017届高职院校毕业生自主创业的比例分别为2.11%和2.07%。安徽机电职业技术学院高度重视大学生创新创业教育,紧扣办学定位和人才培养目标,紧密结合机电类专业特点,形成了"面向全体、因材施教、结合专业、注重实践"一个基本理念;构建了"通识课程、技能课程和实训课程"三层课程体系,搭建了"技能竞技、项目牵引、创业孵化、科技交流"四个实践平台,强化了"组织机构、激励制度、导师团队、服务机制"四个保障措施,而且通过理论研究和实践探索,在借鉴已有的大学生创新创业教育模式的基础上,构建了基于"专业+"的高职院校1344创新创业教育模式。该院每年设立10万元的大学生创新创业专项资助经费,投入60余万元在校

内建立了"大学生创业孵化基地""大学生创新工作室"和"大学生创业实训超市"。大学生创业孵化基地内已有140余名学生,共30多个创业孵化项目在进行孵化。该基地已通过安徽省人力资源和社会保障厅的验收,先后被评为安徽省AA级大学生创业孵化基地、芜湖市创业富民孵化基地。校外与芜湖市弋江区人民政府合作共建了安徽省首个高职院校大学科技园——弋江机电科技园,助力地方经济发展。安徽财贸职业学院依托行业办学优势和"安财"的品牌优势,先后建立了"安徽财贸职业学院大学生创业园""安徽财贸职业学院茂源营销策划咨询公司""北京创先泰克科技有限公司应用电子专业工作站""安财贸艺术工作室"等4个大学生创业孵化基地。该院4个大学生创业孵化基地建立以来,先后接纳了16批约1600名大学生进园开展创业实践,他们正是从这里出发,毕业后踏上成功创业的征程。因此,该院4个创业孵化基地被同学们亲切地称赞为"创业者的摇篮"。

第三节 学科技能竞赛深化创新创业教育改革

安徽省坚持把大学生学科技能竞赛作为深化创新创业教育改革的重要抓手,坚持"以赛促创、以赛促教、以赛促改、以赛促学",初步建立了覆盖所有专科专业的大学生学科和技能竞赛项目体系,如"互联网+"大学生创新创业大赛、全国大学生原创动漫大赛、全国大学生机械创新设计大赛、全国大学生智能制造挑战赛、全国高校"创意、创新、创业"电子商务挑战赛、"挑战杯"全国大学生系列科技学术竞赛、"创青春"中国青年创新创业大赛、"昆山花桥杯"全国大学生职业规划设计大赛暨创业大赛等;引导各高职院校主动服务国家战略和区域发展,积极开展教育教学改革探索,切实提高高职院校学生的创新精神、创业意识和创新创业能力;推动创新创业教育与思想政治教育紧密结合、与专业教育深度融合,促进学生全面发展,努力成为德才兼备的有为人才;推动赛事成果转化和产学研用紧密结合,服务经济高质量发展;以创新引领创业、以创业带动就业，努力形成高职院校毕业生更高质量创业就业的新局面。

安徽省高职院校积极深化创新创业教育改革，将高校的智力、技术和项目资源辐射到广大农村。通过大学生创新创业大赛、创新创业训练计划项目、创新创业专项经费、师生共创、校地协同等多种形式，努力实现项目长期对接，并推出一批帮扶品牌项目，发挥辐射带动作用，推动安徽省经济社会发展，助力精准扶贫和乡村振兴。同时，安徽省高职院校要在更大范围、更高层次、更深程度上开展"青年红色筑梦之旅"活动，组建"青年红色筑梦之旅"团队，推动创新创业教育与思想政治教育相融合，创新创业实践与乡村振兴战略、精准扶贫脱贫相结合，打造一堂全省最大的思想政治课；要主动协调本地区扶贫部门，在摸清需求的基础上，组织理工、农林、医学、师范、法律、人文社科等各专业大学生以及企业家、投资人等，以"科技小分队""幸福小分队""健康小分队""教育小分队""法治小分队""十九大宣讲小分队"或项目团队组团等形式，走进革命老区、贫困地区，走进安徽省32个国家级、省级扶贫开发工作重点县，接受思想洗礼、学习革命精神、传承红色基因；要组织大学生创新创业（包括师生共创）团队在前期国家级、省级、校级大学生创新创业训练计划项目、产学研合作、大学生社会实践和脱贫攻坚等活动基础上到各自对接的县、乡、村或农户，从质量兴农、绿色兴农、科技兴农、电商兴农、教育兴农等多个方面通过项目推进或成果转化开展实质性帮扶工作，推动当地经济社会发展和产业升级，将"青年红色筑梦之旅"赛道与"青年红色筑梦之旅"活动有机融合（见图9-2）。

图9-2　青年红色筑梦之旅

阜阳职业技术学院把深化创新创业教育作为推进综合改革的突破口,不断完善创新创业人才培养顶层设计,构建"四结合、三保障、两依托"的创新创业教育体系,全面推进创新创业教育改革。"四结合"是指把创新创业教育融入人才培养的全过程、各环节,逐步建立专业教学体系与创新创业教育相结合的培养机制。一是必修课与选修课相结合,建设依次递进、有机衔接、科学合理的创新创业教育课程群。二是线上线下相结合,推出创新创业教育慕课、视频公开课等在线开放课程,构建线上线下相结合的创新创业教育课程体系。三是专业课教学与创业教育相结合,设置生产创业模块课程,开发大学生创业实践项目。四是课堂内外相结合,开展各类创新创业大赛,安排"双创"学生团队赴合作企业和创业园区实行"零距离"对接和交流,丰富创新创业课程的内容和形式。"三保障"是指健全创新创业组织保障、制度保障和资金保障。"两依托"是指依托校内校外创新创业基地的建设与运行,实现学生创新知识向创新能力的转化。得益于富有成效的创新创业举措,阜阳职业技术学院创客空间线上运营良好。该校创客空间暨微型创业孵化器是依托省级振兴计划地方技能型高水平大学建设项目和省级质量工程"基于O2O模式架构"的大学生创客空间项目建设的。目前基于微信公众平台建立的订阅号"创客实训试验基地",公众号于2016年5月开通,吸引了来自校内外各界人士的关注。创客空间致力于阜阳职业技术学院学生双创教育、创业项目孵化工作,积极开展双创活动,取得了阶段性成果。主要开展面向全校学生的常规双创教育培训,传播双创领域的最新资讯,开展创客技能培训,举办创业讲座沙龙提供就业、实习信息,与人力资源和社会劳动保障部门、团市委、行业企业、投资机构合作,为学生创业项目募集、众筹资金和提供政府免息的创业贷款等活动。该创客空间项目组成员积极拓展合作渠道,目前与京东集团、菜鸟物流、阿里巴巴创客中心、中国创业智库、清华大学DMC创业课程教育中心、安徽云邦创新空间、中国科技大学创客中心等单位展开了交流,并就合作项目达成意向。实体空间分为路演区、商务洽谈区、开放式办公区、休闲娱乐区、创意作品制作、展示区等众多功能分区,把"学、做、创"运营理念深入该院的各项教学改革实践中。随着创客空间的发展和各项活动的开展,学生的创新创业意识和能力逐步提高。

　　安庆职业技术学院通过组织开展和参加各级各类创新创业大赛及全球模拟公司创业模拟实训,借助于创业软件操作和商业计划书的撰写让学生在模拟环境下体验创业环节,掌握商业流程,提升创新创业知识和能力。依托大学生创业园推行"专业导航"与"校企护航"相结合的创业实践孵化服务,校企合作搭建教学、孵化、实战三层递进的电商创新创业人才培养体系,将专业人才的培养与创新创业教育融为一体,批量孵化电商创新创业人才,涌现出一批在校大学生创业典型。如2016级市场营销专业学生刘国强,安徽公益网创始人、CEO,安徽天马行空网络科技有限公司创始人、CEO,安庆职业技术学院互联网创业协会创始人、主席,安徽省大学生创新创业促进会最年轻的会员,合肥市第一届网络界人士联谊会最年轻的理事。

　　"一滴水可以折射出太阳的光辉,一件小事可以反映出一个人的美好心灵"——芜湖文明网微博为刘国强发出的博文,概括了他在"互联网+公益+商业"的这片沃土上展现出"以向善的力量向上"的时代新青年形象。2016年6月,安徽公益网成为安徽省第十届互联网大会合作媒体单位。同年9月,受共青团省委邀请,报送的安徽公益网志愿服务项目获得安徽省第三届青年志愿服务项目大赛二等奖。2016年秋,进入大学的刘国强看到并且抓住了社会公益慈善事业蓬勃发展为公益创业提供的商机,利用"互联网+公益"的形式,进行"公益+商业"的创业尝试。他将社会价值与经济价值融合,在保证组织不偏离公益性的同时,借助商业手段实现"造血",让组织拥有更多资源和能力从事公益服务。2017年2月,刘国强荣获安庆市"向上向善好青年"称号。

为了让公益事业有更强大的技术和资金支持,2016年9月30日,刘国强注册成立了安徽天马行空网络科技有限公司,让自己的公益梦想插上了互联网的翅膀。该公司以安徽公益网为公司核心项目,打造公益特色,提供公益服务,并开展一些网络科技项目。然后通过这些项目盈利,再开展公益创业。在"互联网+公益+商业"的这片沃土上,刘国强以社会价值为导向,不仅仅是为了赚钱,更是为了产生社会价值,通过公益与商业的结合让公益越走越远。

第十章 信息化建设提升校企文化融通实效

近年来,为落实安徽省人民政府印发的《安徽省教育信息化中长期发展规划(2013—2020 年)》,安徽省高职院校按照"统筹规划,分步实施;整合资源,共建共享;校企合作,多元参与;重点突破,示范引领;强化应用,突出特色"的策略,加快推进职业院校数字化校园建设,全面推进信息技术在职业教育教学、实训、科研、管理、服务等方面的广泛应用,推动优质职业教育资源的开发和共享、优势互补、合作办学,实现资源效益和服务效率的最大化;以信息化改造传统职业教育人才培养模式,促进职业教育与产业发展对接,校园文化与企业文化融通,支撑高素质技术技能人才培养。

第一节 全面开展数字化校园建设

信息化是安徽省高职院校事业可持续发展的基本条件,安徽省将加快信息化建设的步伐,推进信息技术与教育教学、管理与服务的深度融合,加快建成技术先进、资源丰富、应用广泛、安全高效的信息化体系,促进教育内容、教学手段和方法现代化,实现管理与服务的信息化;高度重视教师现代教育技术应用能力的培养,分期分批组织教师参加国内外的各种培训与行业实践,拓展其信息视域,营造其成长氛围;充分利用数字化校园建设的契机,采用理论与实践相结合、统一性与多样性相结合、计算机媒体与其他现代教育媒体相结合的形式,培养教师整合信息技术的能力。现代教育技术的掌握及其在教学中的广泛应用,使教师能够独立自主学习前沿新知识、新技术、新方法,极大提高了教学水平。如安徽工业经济职业技术学院在信息化基础设施建设方面,该院将进一步加大投入,完善基础服务的硬件基础和软件平台,完成弱电管网建设和安保监控系统,逐步建立门禁系统,智能物业管理系统等;同时,进一步完善数据服务平台建设,加强信息安全保障条件建设,为教学信息化、管理信息化和信息安全提供强有力的支撑。

安徽国际商务职业技术学院 2017 年投资 3000 万元,按照智慧校园整体方案有序分布致力信息化校园建设,主要完成以下建设工程:学校数据中心四大平台的建设,实现全校各信息系统所需要的数据集中;大学生系统建设,实现数字化迎新、数字化离校和学生管理信息化;全校有线、无线网络集中改造,实现全校无线网络全覆盖,网络运行扁平化、智能化;信息化教学改革稳步推进,稳步推进教学资源建设,引进和开发慕课、微课,扩充数字图书资源。目前学校校园网共有 4000 多个信息点,校园 2000 多个无线接入点(AP)覆盖全校,要及时做好网络设备的维护、管理以及网络安全的保障,积极监控网站和信息系统的信息状况,保障网络信息和信息系统的可靠性和安全性(见表10-1)。

表 10-1 安徽国际商务职业技术学院信息化应用情况一览表

网络信息点数/个		上网课程数/门	管理信息系统数据总量/GB	数字资源量/GB	信息化培训人次/人次	信息化工作人员数/人
总计	无线接入点数	46	24	6500	620	11
4100	2000					

安徽城市管理职业学院对信息化建设一直高度重视,2016 学年学校累计投资 1428.3 万元。该院在校园网建设、数字化校园建设、信息化安全建设、信息技术与教育教学的深度融合方面都取得了显著的成绩。一是建成优质快速校园网络,服务全校师生学习生活。截至 2017 年 8 月底,学校开通了教育科研网、中国联通、中国电信、中国移动四条共计 1410M 光纤专线;实现了"万

兆主干、千兆桌面"的建设目标；建成了办公区域全覆盖的无线校园网络；建设信息节点已达9300个（其中无线接入点240个）；校园网络为师生提供了更为便捷的网络学习、生活环境，为教育信息化建设奠定了坚实的基础。二是建成现代化数据中心，服务学校教育教学。学校购置各类服务器20多台，并建成了共建共享、动态扩展、按需分配、管理高效、绿色节能的数字校园云平台，创建虚拟服务器100多台，极大地改变了传统数据中心的管理与运营模式，有效提高了设备利用效率和服务器管理效率，为教育信息化发展提供了强有力的运行保障。三是建成统一共享数字化校园，提升校务管理精细化程度。学校建成了三大基础数据平台（数据共享交换平台、身份统一认证平台、信息门户平台）以及二十多个核心业务系统（教务管理系统、财务管理系统、资产管理系统、人事管理系统、站群系统等），校务管理信息化程度显著提高。学校不但实现了信息化数据的标准统一和人、财、物、教学、科研等大部分管理系统的相互集成与互联互通，有效消除了"信息孤岛"的存在，还进一步通过身份统一认证、信息门户建成了"一站式"个人服务中心，统一、共享、协同、高效的数字化校园基本建成，为后续"智慧校园"建设奠定了基础。

安庆职业技术学院加大信息化力度，制定信息化建设五年总体规划：以打造数字化校园、智慧校园为目标，按照"统筹规划，分步实施；整体推进，突出重点；应用为先，共建共享；立足高端，持续发展"的原则，健全完善学院信息化管理体制机制，全面完成学院信息化管理机构标准化工作。一是推进校园信息化基础设施建设，实现高速、安全的校园网全面覆盖校园。二是深化信息技术与教育教学、管理的融合，建立教学资源共享平台，逐步实现专业数字教育资源全覆盖。三是拓宽信息技术在教学和管理中的应用，实现教学科研、管理服务的数字化、智能化，全面提升师生的信息素养和应用水平。

近些年，安徽省高职院校在信息化建设方面取得了一些成绩，但还存在着一些问题：如校际不平衡；优质数字教育资源不够丰富，不充分，应用不够普及;运用现代信息技术推进教育教学改革还不够,可持续发展能力有待进一步增强。因此,地方政府要加大对高职院校信息化建设的支持力度,全面开展高职院校数字化校园建设,提升信息化水平。

第二节　加强信息化教学资源建设

随着移动通信技术和云计算技术的迅猛发展,移动学习作为一种全新的远距离学习模式应运而生。安徽省高职院校部分老师采用了信息化教学,通过信息化教学,学生可以课前准备、课后复习、实现翻转课堂和碎片化学习,利用云课堂,教师可以随时发起点名、随时发起讨论、随时进行测验、随时进行提问、随时安排作业,随时统计学生的平时表现。但是,我们必须认识到,除了一批优秀的、信息化教学意识强的教师,能够积极利用信息化教学来推动教学改革外,还有相当一部分教师没有深刻领会信息化教学的深刻内涵,难以长期有意识地将信息化教学思想融入日常教学中。这既与缺少丰富的途径进一步鼓励和推动全体教师开展信息化教学改革有关,也与资金短缺和技术力量薄弱导致在信息化建设方面缺乏专门的高水平研究梯队和开发队伍有关,当然,还有其他原因。

开展信息化教学资源建设,促进教学资源共建共享。教学资源信息化建设一般包括四个方面:一是素材类教学资源建设,二是网络课程建设,三是教学资源的评价,四是教育资源管理系统的开发。这四个方面进行统一整合建设将是今后几年安徽省高职院校信息化教学建设的重点。高职院校要加大资金的投入力度,加快校园网络建设,搭建课程资源平台和自主学习平台,实现跨时空的教育教学互动交流;深化信息技术与学科教学的整合,强化教学信息化对"课改"的服务与支撑,以"一师一优课,一课一名师"活动为载体,鼓励教师利用信息技术创新教学模式,形成信息化教学新常态;积极探索基于云平台的大数据分析,诊断学校管理,诊断教师教学,诊断学生发展,实现从定性分析到定量分析，从表象分析到理性分析，从碎片分析到规律分析，促进工作改进。如芜湖职业技术学院在开放式网络资源平台建设中，强调以专业建设为中心，与课程改革相结合，鼓励专业课教师借助资源平台开发线上课程。该校信息工程学院唐贤传老师主持的《App Inventor应用开发》作为全国高职院校首批登录"学堂在线—高职联盟慕课平台"的五门课程之一，率先在清华学堂上线MOOC（慕课）课程，2015年3月16日面向全国学生正式开课，反响热烈。安徽水利水电职业技术学院充分发挥现代信息技术作用，积极探索和构建信息化环境下的教育教学新模式。2015年，该校以省属高职院校发展建设项目为契机，在校园信息化建设项目总投入1100万元；并利用现代信息技术实现校内多媒体教学全覆盖，新增了80个随堂多媒体同步录播点，增设和完善了校内网络多媒体教学服务平台、远程在线学习辅导平台、顶岗实习管理平台和教科研项目管理平台；还与黄河水利职业技术学院、杨凌职业技术学院共同开发了水利水电工程建筑专业的数字化教学资源库。

阜阳职业技术学院健全数字化教学资源服务体系，持续建设数字化学习中心，大力引进国家级精品资源，初步形成国家与学校优质数字教学资源共享体系，逐步实现所有专业的优质教育资源全覆盖。2017年，该校线上开设课程共669门，比2016年增加了462门，占教学计划课程总数（878门）的76.20%，教学资源量共23384GB，数字化学习中心、超星和智慧树慕课学习平台学生使用人次不断增加，使用情况良好。2017年，该校完成省质量工程MOOC示范项目审核工作。《数据库基础》是安徽省首批立项的省级MOOC示范项目之一，通过近两年的建设，已完成全部课程视频的录制工作，在安徽省官方MOOC平台"e会学"上线。2017年7月，该校召开《数据库基础》MOOC视频审核会，按照项目建设要求，邀请专家对课程视频进行正式运营前的审核。负责人李平通过"e会学"平台向专家介绍了课程的组织结构，现场展示了每个模块的课程视频。专家对照安徽省MOOC示范项目课程建设规范及标准,认定《数据库基础》MOOC课程20个模块、43个视频(总时长7小时35分)的制作符合技术要求,达到了安徽省MOOC示范项目视频单元的制作标准,通过验收。该课程成为安徽省首批MOOC示范项目中较早通过视频验收的课程,对于该校后续省级MOOC项目的建设起到了良好的示范指导作用。该校落实数字化校园建设相关标准,加强数字化校园基础设施建设和信息化管理系统建设;把学校的常规管理、教学管理和学生管理等工作通过网络来实现,提高管理效率和效果;全面推动新媒体建设,聚焦学生学习生活,以服务为宗旨,全力打造新媒体语境下的宣传服务综合平台。团委微信公众号和新浪微博平台现已吸引该校广大学生关注,智慧校园平台吸引粉丝人数、新闻阅读量和活跃的粉丝量不断攀升。由于在微信、QQ等新媒体运行方面的突出表现,该校荣获腾讯QQ智慧校园2016年度全国"活力示范校"称号和2017年百校迎新活动"全国示范院校"称号。

安徽电子信息职业技术学院资源筑基案例推动,探索线上线下交互式教学。该校信息与智能工程系开展《WEB标准网站设计》课程共享型教学资源的建设工作,对企业案例进行深度开发,积极构建线上线下交互式教学模式,形成了包括在线学习、测试考核、课后实训、课程设计和强化训练等系列教学资源;坚持以教师为企业实际开发的应用系统为载体,按照工作任务组织专业知识体系,将开发过程碎片化和精细化为适合课堂教学组织的技能点,形成明确的教学工作任务;依托丰富的教学资源和实际项目形成的工作任务,线下进行技能训练和拓展练习,线上进行成果巩固和交流,并对出现的问题进行讨论和反馈;通过线上学习和线下教学的结合,提高教学资源使用效率,在课程教学中真正体现了学生主体地位(见图10-1)。

图10-1　WEB标准网站设计

　　安徽工业经济职业技术学院以信息化建设为重点,推动教学与管理水平升级。在信息化教学方面,该院全面推进基于网络平台的课程建设,全面推进智慧教室建设,全面开展基于移动平台的课堂教学改革。2018年,该院重点推动"互联网+"课堂教学,同步引进、开发数字化图书馆,推进精品共享课程、专业教学资源库建设。在管理信息化方面,积极稳妥推进智慧校园建设,积极推进移动办公、移动财务、移动学习项目的建设,优化教学管理、学生管理、科研管理、实习管理系统,积极推动国有资产管理、教学资源管理、人事管理等管理信息化的建设。争取到2020年,建设系统的教学综合服务管理平台,整合各类课程平台、资源平台,为全体师生的教与学提供快速、高效、简便的信息化服务,实现学院管理的信息化、移动化,基本建成具有国内一流水准的智慧校园。

　　在看到成绩的同时,我们也要清醒地认识到还存在一些问题,如教师信息化教学应用观念落后、融合程度不高、技术应用层面单一、行之有效的模式与方法匮乏。教学中主要还是采用多媒体教学方法,缺少微课、慕课、翻转课堂等网络教学手段,云课堂等信息化教学方式推广不够。教学资源库建设滞后,教师信息化能力不强。职业教育专业教学资源库是教育部、财政部唯一一个面向职业教育的央财项目,深圳职业技术学院、杭州职业技术学院、湖南工美职业学院都成功立项三个以上,而安徽省高职院项到目前为止还没有此类项目。部分高职院校建设的院级和省级精品资源共享课程、精品视频公开课程项目大多数采用简单录播方式,MOOC项目进展缓慢,资源库不仅数量少且质量低,对学生学习吸引力不强。

第三节　举办信息化教学大赛

信息化教学大赛是推进安徽省高职院校信息化教学建设的重要抓手。安徽省高度重视,充分发挥大赛引领作用,推动教师提高信息化教学水平,促进信息技术与教育教学深度融合,不断提高技术技能人才培养质量。2017年,成功举办安徽省高职院校信息化教学大赛,共有43所高职院校267支队伍参赛,参赛人数近600人。经专家组评审,共评选出一等奖26项、二等奖49项、三等奖69项。在全国职业院校信息化教学大赛中,安徽省高职院校代表队获得2个一等奖、5个二等奖和11个三等奖。如芜湖职业技术学院以信息化大赛为平台助推职业院校教育教学改革。该院已多次承办安徽省高职院校信息化教学大赛,在省教育厅的关心和支持下,省赛参赛院校、参赛人数和作品数量逐年递增,获奖项目也呈现快速增长趋势。省赛举办5年来,累计1163名高职院校教师参加比赛,打造了一批职业院校线上和线下的明星教师。通过培训、研讨会等形式,鼓励教师学习开发线上资源的技术、研究资源推广策略。出版了国内首本《革故鼎新职业院校教师信息化教学能力提升指南》,编写新形态一体化教材《移动UI设计》,并邀请获奖教师承担"安徽省职业院校信息化教学改革现状调查"课题研究工作。信息化教学大赛获奖作品在安徽省高等职业院校信息化大赛官方网站供全省师生免费浏览学习。依托安徽省示范性高等职业院校合作委员会、市属高职院校联盟平台,推进信息资源共建共享;开发联盟内院校优质教学资源,提高原创教学资源的制作数量和水平,建立课程资源的共建共享机制。

安徽商贸职业技术学院积极构建"互联网+"平台,融入信息化技术手段,全面推进职业教育教学方式改革,改革知识传授为主的传统教学模式,以学生为主体、老师为引导,针对"90后"学生对互联网等新鲜元素感兴趣的特点,利用教学信息化平台、实训仿真模拟软件、微信等教学要素,关注能力和素质教育的信息化立体课堂教学,打造了一批具有鲜明职教特点、信息化型的师资队伍。2016年,由财务管理专业马静、丁婷和夏菊子三位老师组成的信息化课堂教学团队获得全国职业院校信息化教学大赛一等奖,提高了该院在全国的影响力和知名度。

安徽交通职业技术学院注重教学信息化建设,2017年,该院举办第三届信息化教学大赛选拔优秀教师,在2017年暑期举办的安徽省高等职业院校信息化教学大赛中,该院李芙蓉、胡勇、孙晓玲团队获得信息化设计公共基础课组一等奖;兰清群老师斩获信息化设计专业课程一组一等奖;叶生、邹冰洁团队荣获信息化设计专业课程一组三等奖;何炜老师荣获信息化课堂教学专业课程一组三等奖。与2016年相比,学院信息化教学水平稳步提升,充分展示了该院在信息化教学改革方面取得的成果,这也有益于推动该院信息化教学水平的进一步提升。

为顺应"互联网+"的发展趋势,提升教师信息化教学水平,积极应用信息技术改造传统教学,促进泛在、移动、个性化学习方式的形成,2017年1月,安徽工业职业技术学院举办了微课设计与开发大赛,极大地提高了该院教师运用信息化手段丰富课堂教学的意识。同时,2017年,该院派出30余名教师外出参加各类培训,10名教师参加学历进修,并举办了第二期信息化培训班,共有来自学院五系一部的50余名老师参加。基于学院近年来对教师信息化应用能力的持续重视与培养,该院教师的信息化教学水平有较大提升,在2017年安徽省高等职业院校信息化教学大赛上,该院刘文欢、张妤、吴萍老师分别取得了公共基础课组一等奖和专业课程组三等奖的好成绩,其中刘文欢老师团队代表安徽省参加全国职业院校信息化教学大赛决赛,获得二等奖的好成绩。

第十一章 安徽机电职业技术学院 校企文化融通的实践探索(上)

随着中国经济转向高质量发展,校企文化融通对培养高素质技术技能人才的重要性越发凸显。高职院校继续深化产教融合、校企合作,从机制创新、专业建设、课程设置和师资培养等四个方面整体对接,在人才培养的全过程融通企业文化;通过将企业文化与校园文化在精神、制度、行为、物质层面四位一体全面融合,全面提升学生的专业技能、综合素质和就业创业能力,为高职院校人才培养实现工学结合、知行合一的目标打下坚实基础。

安徽机电职业技术学院充分利用办学的优势,在人才培养的全过程以及精神文化、制度文化、行为文化和物质文化四个层面全面实现校企文化深度融合,稳步推进综合改革,努力建设省内领先、国内一流、国际有影响的地方技能型高水平大学和国家优质高等职业院校。

第一节 整体对接,在人才培养的全过程融通校企文化

一、探索创新人才培养模式

探索生产与教育机制创新的结合,将企业文化融入人才培养的全过程。安徽机电职业技术学院在充分利用现有校内外办学资源基础上,进一步推动校企合作、产教融合,建设校企协同育人新机制,多措并举将企业文化融入教学全过程。如校中厂江城汽车学院充分发挥校企各自优势,不断改进与加强实验实训、产学研合作,人才培养质量稳步提升。江城汽车学院由学院提供

场地及后勤保障、选派教师;江城汽车有限公司提供设备、装备、技术、培训项目及工程技术人员,采取"教学工厂"方式实施人才培养,由企业一线技术人员和教师组成合作小组,在课程建设、教材建设、实训基地建设、"双师"结构教学团队建设、顶岗实习等方面,建立相关制度和运作机制,实现了"学校与工厂合一、教室与车间合一、学生与员工合一"的校企融合。江城汽车学院让学生了解江城汽车有限公司,了解工作流程和汽车维修工作原理,学习江城汽车有限公司企业文化,感受真实的工作氛围,提升学生的职业技能和综合素质。江城汽车学院校企深度合作模式集规划、建设和管理于一体,在新的平台上共享融合成果,整合学校办学实体,实现管理一体化、人才培养一体化、专兼职教师整合一体化和校企文化融通一体化。

图11-1　汽车美容实训室——抛光

二、专业建设植入企业文化

安徽机电职业技术学院和深度合作企业共同制定专业建设方案、课程标准、实践教学计划和专业人才培养方案。通过专业建设、专业动态调整和课程设置渗透企业文化,培养学生的专业综合素质。围绕安徽省和芜湖市产业集群建设和企业转型升级需要,按照"深度融入产业,打造办学特色,建设专业集群,提升竞争优势"的理念,以专业服务产业为原则,发展机械、汽车、电气、信息等专业群，推动专业集群与产业集群对接。对接产业转型升级需求及智能制造要求，引入"互联网+"模式，将信息技术贯穿课程开发、课程实施、实践教学等专业人才培养过程中，对传统制造类和服务业专业及专业群进行改造，形成专业动态优化、自我发展的良性运行机制，使学院专业结构布局紧密对接区域主要支柱产业结构，专业课程教学积极融入锐意进取、团队合作和开拓创新等企业文化精髓。以专业实践教学为核心，将企业文化和职业精神融入，形成了一套完整的实践教学体系和"基础培训、模拟培训、生产实践"的三层递进的学生能力培养机制。从学院实训基地、生产实习环节的运作机制到综合运用"厂中校"资源，使学生在企业真正的生产环境中接受多层次、全过程的专业技能培训，增强学生职业认同和职业道德。

三、建设课程体系，使企业文化融入课堂

安徽机电职业技术学院坚持工学结合、知行合一，增强课堂教学、实习实训等教育教学活动校企文化的融合度，在思想政治理论课、人文类公选课以及科学素养类课程的教学中融入企业文化元素。通过引入职业岗位工作流程，系统化设计技术技能训练课程，按照从认知到模仿、从单项到综合、从实训到顶岗的职业能力培养规律，完善包括课堂实践教学、校内实训、企业实习、顶岗实习、社会实践、课程设计、毕业设计等环节的实践教学体系。校企合作共同开发课程，编写教材，自觉地将企业文化相关的内容转化为教学内容，企业真正需要的专业知识和能力纳入课程标准和教学内容。近年来，该院共与行业企业合作重点开发与完善了51门优质专业核心课程，编写出版110种特色教材，建成省级、院级精品课程71门。构建基于"双证融通"的课程教学体系，实现课程标准与职业标准的融通，教学做一体化，突出高职教育的实用性和可操作性。改革课程考核方式，实现课程评价与职业技能考核融通，让学生毕业时获得毕业证和另外一个乃至几个职业资格证书，培养学生

的技能意识,不断提高自身职业技能水平。

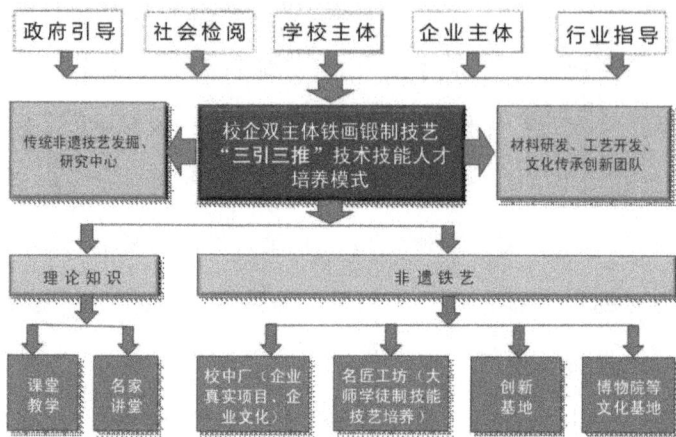

图11-2 "三引三推"人才培养模式

四、加强教学团队建设,吸收和传播企业文化

安徽机电职业技术学院邀请合作企业全方位参与教育教学改革,建立校企双方互兼工作岗位、互聘技术职务、共同培育教师、共同解决技术难题的"互惠教学"机制,打破教学行政组织,实行跨专业、跨教研组组合,培养"双师"结构专业团队。以安徽省质量工程项目和振兴计划项目建设为契机,将模具设计与制造专业打造成一流且具有引领作用的双师结构的专业团队;将工业机器人、物联网应用技术打造成机电品牌双师结构的专业团队;新建机械制造与自动化、机电一体化技术、数控设备应用与维护、汽车电子技术、物流管理、旅游管理等专业双师结构教学团队10个。通过一系列的措施,促进专业建设和双师结构教学团队建设,教师在提高实践教学能力的同时,感受并吸收先进的管理理念和优秀的企业文化,提升教师对企业文化的熟悉程度,便于教师把企业先进的管理理念和文化应用到课堂教学和实践教学,使学生足不出校园就可以受到企业文化的洗礼。同时,在学院教师带领下定期组织学生到企业进行工学交替、顶岗实习,营造全新的育人环境,使学生全方

位接受企业文化的熏陶,提高职业素质和人文科学素养。

第二节　全面整合,将企业文化融入校园文化

安徽机电职业技术学院通过规划设计、统筹协调、多方参与和制度激励等方式,促进师生员工重视地方区域文化和校企文化融通的研究与资源开发,推进文化素质课程进入教学过程,从精神文化、制度文化、行为文化和物质文化等层面多维度融入企业文化,提高学生的人文素养和综合素质,增强学生可持续发展的能力。

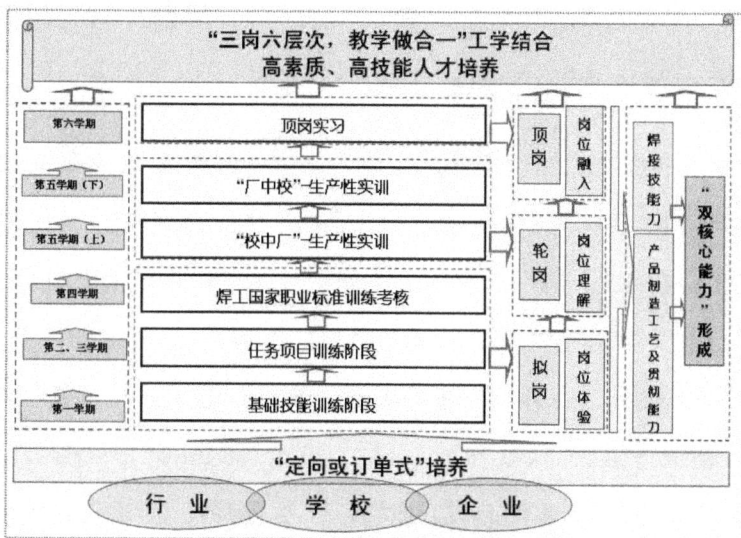

图11-3　人才培养模式创新

一、以精神文化为核心的融合

高职院校在大学精神培育、提炼和形成过程中,应借鉴和吸收知名企业的核心价值观、企业精神和管理哲学,并结合学校实际,融入办学指导思想、办学定位和校训、校风、学风、教风中,帮助学生树立健康的生活态度,踏实勤奋的学习作风和锐意进取的开拓创新精神。安徽机电职业技术学院在84年

沧桑巨变中始终以职业教育为己任,实业报国的传统已深入人才培养的各个环节。近年来,学院在地方技能型高水平大学和国家优质高等职业院校建设中充分挖掘校企合作的内在契合点,树立服务于企业的理念,加强校园文化和企业文化的融合,促进校企之间的沟通与理解;积极引入企业文化和管理标准,吸收合作企业在管理、技术等方面的优势,如与知名企业安徽叉车集团、集瑞联合重工有限公司开展"订单班",聘请企业员工参与管理和指导,真实环境培养学生的综合职业能力。学院还通过精心策划校史馆、拍摄纪录片等方式讲述校史、学校发展和励志故事等,让广大师生关注学院办学理念、文化特色、发展脉络以及核心价值观等,多措并举促进校企精神文化的融合。

二、校企制度文化的融合

高职院校制度文化建设应融入企业管理体系的精髓,在高职院校行政管理、教学管理和学生管理中引入ISO9000等现代企业管理理念,营造企业管理的文化氛围。在管理体制上,安徽机电职业技术学院以学院章程为统领,建立和完善符合大学精神要求的内部管理制度体系,注重制度的科学、合理和可操作性,在国内率先采用"6S"管理理念[6S即整理(seiri)、整顿(seiton)、清扫(seiso)、清洁(seiketsu)、素养(shitsuke)、安全(security)],取得了良好的效果。精益六西格玛管理实施后,浪费减少了,失误降低了,质量和效率不断提高。在质量体系方面,学院改革课程考核方式,加强以育人为目的的实习实训考核评价,建立第三方评价制度;完善人才培养工作状态数据库校内填报工作机制,建立常态化周期性的教学工作诊断与改进制度;强化教学过程监控,形成院、系部、教研室三级教学质量监控与保证体系。在学生管理方面,学院引入企业管理理念,按照项目管理的方式进行活动,全体学生宿舍实行"6S"管理等,使学生在日常生活中润物细无声地受到企业文化的熏陶。

三、行为文化扩展的融合

安徽机电职业技术学院以文化活动为载体，通过人文讲坛、弘道讲坛、文化传承创新基地等，邀请企业专家和技术骨干以及杰出校友来校分享个人职业经历、畅谈职场文化，使学生更早地接触企业，了解企业文化。学院坚持示范带动、全面活跃、提升品位的思路，按照大中小型校园文化活动品牌化、系列化、经常化原则，打造"示范性、导向性、艺术性、创新性"的品牌校园文化创新载体，深化特色和品牌校园文化活动培育。学院引导学生借鉴企业协会经验组建专业化的社团，举办丰富多彩的校园文化活动，广泛开展具有职业俱乐部特色的活动，使学生在校就能学习到更先进的企业管理理念。因成绩突出，学校机械工程学院机设3161班班长、校第十届学生社团联合会主席邵亚在2018年安徽省高校最具影响力"我的团长我的团"评选活动中荣获省"十佳社团团干"荣誉称号（见图11-4）。学校还通过举行高雅艺术进校园、校园文化艺术节、科技创新节、系列文化大赛等精品学生活动，促进校企之间深度的文化交流。学校鼓励大学生充分利用高水平的竞技舞台展示自我，"以赛促学、以赛促教、以赛促改"，广泛开展涵盖各种专业的技能大赛，对学生潜移默化地进行企业价值观、企业核心竞争力、技术创新意识、遵守纪律的教育，提升学生综合素养。

图11-4　邵亚荣获省"十佳社团团干"荣誉称号

四、基于物质文化的融合

校园景观规划要充分利用丰富的文化蕴涵对校园环境的影响,提升校园环境的育人价值,使自然美、人文美与艺术美和谐相处。安徽机电职业技术学院在校园物质文化建设中积极融入企业文化元素,充分利用企业文化资源,将企业生产管理理念和产品引入校园走廊文化和教室文化;大力推进橱窗文化和展板文化,汇集杰出校友创业实例和优秀校友展示;在与周边环境和谐的校园里,充满了工业文化的齿轮、转子、电机等企业文化景观,让学生品味企业的目标、使命、精神和标准等,近距离感受企业文化;打造文明、高雅、健康、和谐的实验实训文化,学校实验实训基地(室)墙上既张贴有合作企业的纪律规则、工作流程、警示标志,又有温馨提示,营造出"真实环境、设备、产品"的企业氛围,完全满足按照企业的要求生产和实践教学需要。在这里,学生不仅可以使用先进的生产设备,还能充分感受合作企业的文化精髓。此外,学校还将建设一批富有机电特色的标志性文化景点,充分发挥校园内一楼一宇、一草一木等教育载体的育人功能;加强校园统一标识建设,创造出既符合现代人的审美要求,又反映学校机电特色和深厚文化底蕴的校园山水环境,全面提升物质文化育人水平。

通过校园文化与企业文化的立体融通,安徽机电职业技术学院在积极探索校企深度互融的文化建设新思路、新途径和新方法上进行了有益的尝试,并取得了一定的成效。近年来,学校学生在全国职业院校技能大赛、数控技能大赛、创新创业大赛等多项国家、省级技能竞赛中荣获300多个大奖。仅2018年全国职业院校技能大赛就获得一等奖3个、二等奖2个的好成绩。用人单位普遍认为安徽机电职业技术学院毕业生岗位适应能力和实践动手能力强,善于团队合作,吃苦耐劳,爱岗敬业,遵纪守法,很多毕业生现已成为企业骨干。

第十二章 安徽机电职业技术学院校企文化融通的实践探索（下）

随着我国进入新的发展阶段，产业升级和经济结构调整不断加快，各行各业对技术技能人才的需求越来越紧迫，高等职业教育重要地位和作用越来越凸显。安徽机电职业技术学院充分发挥校企文化融通对培养人才的积极作用，深化产教融合、校企合作，将校企文化融入人才培养全过程，探索形成了"订单式"人才培养全程融入校企文化、"校中厂""厂中校"多维融通校企文化、创新创业立体引领校企文化、技能大赛全面渗透校企文化、现代学徒制试点全方位融入校企文化等五个独具特色的校企文化融通路径，为培养高素质技术技能人才夯实了基础。

第一节 "订单式"人才培养全程融入校企文化

"订单式"人才培养是指学校与用人企业针对社会和市场需求共同制定人才培养计划，签订用人订单，通过"工学交替"的方式分别在学校和用人单位进行教学，学生毕业后直接到用人单位就业的一种产学研结合人才培养模式。近年来，安徽机电职业技术学院充分利用职教专业技术优势和自主招生的政策优势，为新能源汽车产业、信息技术产业和传统加工制造业等众多地方支柱型企业广泛开展分类型的订单班模式。学校各二级学院按照各行业、各专业的不同职业要求，有针对性地开展如"走进企业活动日"等特色社会实践活动。同时，学校积极引入企业文化和管理标准，将企业文化融入校园。

安徽机电职业技术学院深入推进产教融合、订单培养，多措并举实现校企文化的交融。在订单班教学中，学校通过下厂实践锻炼、挂职锻炼等方式提升教师对企业文化的熟悉程度，便于教师把企业先进的管理理念和文化应用到课堂教学和实践教学，使学生足不出校园就可以受到企业文化的洗礼。邀请订单合作企业全方位参与教育教学改革，校企双方共同制定人才培养方案，合作共建生产性实训中心，多措并举合作育人。定期组织订单班学生到企业进行工学交替、顶岗实习，营造全新的育人环境，使学生全方位接受企业文化的熏陶，提升职业素养。目前，学校与奇瑞公司、安徽合力叉车集团等大型企业合作组建的特色订单班有46个，每年培育1000多人，占每届学生的1/3。2012年7月7日，中国机械工业教育协会高职委员会合作共建经验交流会在内蒙古自治区包头市举行，学校作了"订单式"人才培养模式典型经验介绍，得到与会人员充分肯定，并在全国推广。2003年以来，学校先后接待省内外30余所高职院校来校考察交流，学校多类型"订单式"人才培养模式等方面的做法与经验，得到兄弟院校同仁的高度评价。学校作为安徽省A联盟（安徽省示范性高等职业院校合作委员会）成员单位，在全省高职院校人才培养模式改革中起到了引领和示范作用。学校与新疆石河子职业技术学院、亳州职业技术学院、安徽汽车工业学校、安徽扬子职业技术学院等院校建立对口支援与交流关系。通过师资培训、实训基地、资源库与图书共享、联合培养学生、开展职业技能大赛培训等，学校"订单式"人才培养模式改革、校企合作、项目化管理模式等方面的做法与经验，对西部高职院校和受援院校起到了借鉴作用。

第二节 "校中厂""厂中校"多维融通校企文化

高职院校要加强实践性专业教学，通过校企深度合作，将企业文化和职业精神融入实践性专业教学的方方面面，使校企文化融为一体。"校中厂""厂中校"是提升学生实践教学实效的重要载体和平台。安徽机电职业技术学院以校外实习基地为基础,不断深化产教融合、校企合作,近年来与安徽佳通轮胎有限公司、安徽金鼎锅炉股份有限公司等单位合作共建了集瑞学院、金鼎学院、美芝学院等13个"厂中校";与芜湖江城汽车有限公司等企业合作,共建了江城汽车学院等2个"校中厂",采取"教学工厂"方式实施人才培养,实现了学生与员工合一的校企深度融合。在"校中厂""厂中校"里,校企文化水乳交融,企业文化融入教学各个环节。以金鼎学院为例,学院实行双院长负责制,由安徽金鼎锅炉股份有限公司制造部副总和学校机械工程学院主任共同担任院长,校企双方共同制订人才培养方案:大一下学期,企业遴选"金鼎学院"学员,作为企业准员工;以后每学期实习四周,熟悉工厂环境、产品、设备,进行安全技术和企业文化教育。金鼎学院还建立了"管理""技术""车间"三支企业教师团队。管理团队由企业管理人员构成,主要负责学生职业素质培养和实训管理;技术团队由企业技术人员构成,与学校教师共同参与专业技术教育和毕业设计;车间团队由企业生产一线的技师构成,主要负责学生技能培养。金鼎学院学生的实习实训环节由课程实验、实训—焊接教学专项实习—中级焊工职业技能培训与考试—校内工厂工学结合实训—企业生产实习—顶岗实习六层次轮训来提高专业工作能力和焊接技能。

通过校企深度合作共建技术技能人才基地,实施产教紧密结合,构建和完善了校企合作管理平台,实现了校企生三方共赢的长效机制。如"金鼎班",通过金鼎学院这个"厂中校"平台,校企合作办学,先后培育出 "安徽省技术能手"、"安徽省五一劳动奖章"获得者、"安徽省竞赛能手""芜湖市技术状元"等骨干,安徽金鼎锅炉股份有限公司也因此提升了企业品牌,扩大了业务领域。

第三节　创新创业立体引领校企文化

高职院校学生动手能力强,敢闯敢试。安徽机电职业技术学院根据学生特点,政策先行,积极营造大学生创新创业氛围,激发大学生创新创业活力。在校园内积极营造具有浓郁企业文化特色的学习生活工作环境,通过创新创业立体引领校企文化。一是在校园物质文化建设中融入企业元素,使学生在潜移默化中了解企业文化,培养职业精神。二是学校实验实训室全面对接职业环境,加强学生职业素质教育。三是积极引入"6S"管理理念,在学生宿舍管理中全面推行"6S"管理。

安徽机电职业技术学院努力营造创新创业的校园文化氛围,利用广播、校报、橱窗、微博、微信等多种宣传平台和载体,引导学生不断夯实基础知识,培养创新创业兴趣,培养科学的学习和思考习惯,大力推崇创新创业精神。芜湖作为全国创业之城给予了创业者诸多的优惠政策,学校为了推动创业,更是出台了详细的帮扶细则。2016—2018年,学校开展专利和科技创新讲座、报告会40余场,邀请"赢在中国"第二赛季季军冯志刚等青年企业家进校园开展创业专题报告会达15场,开展"百家名企进校园"专题活动8次;邀请共青团芜湖市委书记、芜湖市人力资源和社会保障局等专家领导送政策进校园活动5次;杨杰、徐文杰、蒋天将等创业典型主讲的"我的青春故事"创新创业专题报告会十余场。学校每年还举办创业意识培训、企业经营培训、创业模拟实训以及创业政策培训等,累计培训学生达10690人次。学校还通过创业者协会、自动化协会、职业生涯规划协会和电子协会等创新创业类社团,引导大学生积极投身创新创业活动。近年来,学校创新创业学生在全国、安徽省和芜湖市屡屡荣获大奖,创新创业经验获省市领导的认可和社会各界、各级媒体的广泛关注和高度评价。2013年,安徽机电职业技术学院被评为"安徽省创新创业示范校";2014年,在第九届全国高职高专"发明杯"大学生创新创业大赛中成绩优异，表现突出，被组委会授予"全国高职高专院校创新发明教育基地"称号（全国共授予10个）和优秀组织奖；学院的大学生创业孵化基地被评定为安徽省AA级大学生创业孵化基地和芜湖市创业富民孵化基地；2018年，荣获"全国深化创新创业教育改革示范高校"荣誉称号。

第四节　技能大赛全面渗透校企文化

职业院校在职业技能培养的同时，注重学生职业素养、职业精神的培养和锤炼，进而全面提高技术技能人才培养质量。技能竞赛能够为高职院校营造一种健康、竞争和拼搏的校园文化，与专业结合度高。技能竞赛中，要将企业文化的核心理念创新意识、科技意识、市场意识等有机融入，校企深度融合提升人才培养实效。2018年，安徽机电职业技术学院在"以赛促学、以赛促教、以赛促改"的教育教学改革理念带动下，成功承办了全国职业院校技能大赛（高职组）"风光互补发电系统安装与调试"赛项和安徽省职业院校技能大赛"工业机器人技术应用"等5个赛项。通过承办和参加职业院校技能竞赛，学院将技能大赛的办赛目标、实施过程、比赛内容、评分机制等引入教学改革与教学管理中，使专业建设与大赛相结合，实训条件建设与大赛场地设备要求相结合，深化了专业内涵建设，提升了技术技能人才培养质量。2018年，学校学生在全国、安徽省职业院校技能大赛中共获奖46项，其中全国一等奖3项、安徽省一等奖10项。

图12-1　徐本盛荣获全国第五届汽车装调工职业技能竞赛第一名
和"十大操作技术能手"荣誉称号

近年来,安徽机电职业技术学院通过国家、省、校三级技能大赛历练,涌现出一大批技术能手和管理骨干,如2010届毕业生谭言松于2012年获得省首届船舶制造行业电焊工技能大赛第一名,荣获"安徽省五一劳动奖章"。2013年,毕业生刘飞参加"合力杯"全国叉车技能大赛,荣获电动组第一名,《安徽工人日报》(2013年12月16日01版)介绍了其成长的典型事迹。2014年,学院国赛一等奖选手戴大桂、陈军凭着过硬的综合素质和核心竞争力,被中国工程物理研究所材料研究院提前录用。2018年,学校汽车与轨道学院汽车制造与装配技术3142班毕业生徐本盛,现任奇瑞新能源汽车技术有限公司调试动态返工,获得全国第五届汽车装调工职业技能竞赛第一名,荣获"十大操作技术能手"荣誉称号,被推选参加人力资源和社会保障部"全国技能能手"和全国总工会"全国五一劳动奖章"评选活动。

第五节　现代学徒制试点全方位融入校企文化

根据教育部《关于开展现代学徒制试点工作的意见》,安徽机电职业技术学院利用首批全国现代学徒制试点单位的重要平台,依托学校校企合作理事会企业资源,积极争取政府的支持,遴选汽车制造等专业与集瑞联合重工有限公司等企业试行现代学徒制。校企双方共同研制招工招生方案,明确学徒与学生双重身份,签订合作协议。校企共同制定学徒制管理办法和运行机制,明确双方职责、分工。双方共同制订专门的个性化培养方案,企业为学生提供"准员工"学徒岗位,遴选企业师傅作为指导教师,学校承担理论教学,推进校企紧密合作、协同育人;同时实行工学交替下的弹性学制,建立校企共同考核评价机制。

安徽机电职业技术学院现代学徒制试点专业实行校企共同教学,积极推进优秀产业文化进教育、企业文化进校园、职业文化进课堂,将人文素养和职业素质教育纳入人才培养方案,加强人文社科类课程、传统文化类课程、文学艺术类课程和心理健康教育类课程建设,将思想政治理论课、职业指导和创业教育、中国传统文化、社交礼仪与大学语文等列为人文素质必修课程。学院还依托学校中国非物质文化遗产——芜湖铁画锻制技艺创研中心、机械工业教育发展中心皖江职教名家讲堂、江南文化研究中心、皖浙高职校园文化艺术交流中心、高等职业教育改革与发展研究中心等人文社科研究基地,构筑高职院校校企文化融通建设高地,多措并举推动学生职业技能训练与职业素养教育的融合,加强学生的职业精神培育,不断提高学生的综合素质。

表12-1　现代学徒制相关管理制度建设完成情况

类别	制度名称	完成情况
招生招工	《现代学徒制招生(工)管理办法》	已完成
	《现代学徒制试点企业遴选办法》	已完成
教育教学与管理	《现代学徒制试点组织机构工作规程》	已完成
	《现代学徒制人才培养方案制定的有关规定》	已完成
	《现代学徒制教学管理办法》	合并完成
	《现代学徒制教学质量监控管理办法》	
	《现代学徒制双导师管理办法》	合并完成

类别	制度名称	完成情况
学徒制经费管理	《现代学徒制模式培养教师带徒津贴发放标准》	
	《现代学徒制优秀学徒奖学金发放办法》	已完成
	《现代学徒制专项资金管理办法》	已完成
学生(徒)管理	《现代学徒制学徒管理办法》	合并完成
	《学生(徒)满师认定标准管理规定》	
	《学生(徒)实习召回制度》	
	《现代学徒制学生(徒)企业实习管理》	已完成
	《学生(徒)考核评价与学分认定办法》	已完成
相关协议	《现代学徒制招生(招工)协议》	已完成
	《现代学徒制校企联合培养协议》	合并完成
	《现代学徒制专业共建协议》	

附录一 安徽省高职院校校园文化与企业文化融通研究调研报告

一、高职院校校园文化与企业文化融通研究原因

目前我国正处于全面建成小康社会、加快推进社会主义现代化建设的关键时期,走新型工业化道路、推进产业结构优化升级、转变经济增长方式以及建设创新型国家,都需要培养一大批能够解决生产技术难题的高素质技术技能人才。中国经济转向高质量发展对人力资源的结构和素质提出了新的更高的要求,为适应经济和社会发展对高素质技术技能人才的需求,我国高等职业教育近年来得到了快速的发展。

然而,我们应当清醒地认识到,当前高等职业教育发展还面临一些问题。由于历史和现实的原因,高职院校普遍存在办学历史不长,规模不大,办学特色不够鲜明,社会认识度不够等许多问题。近年来在国家政策及地方政府的支持下,高职院校加大资金的投入,不少高职院校的在校生人数、校园面积、校园环境、实验实训条件等方面已取得了长足的进步。在硬件建设取得跨越式发展的同时,高职院校校园软实力的重要内容——校园文化建设却相对发展缓慢。校园文化研究与建设的滞后,已成为制约高职院校进一步发展的瓶颈。

教育部、共青团中央在《关于加强和改进高等学校校园文化建设的意见》中明确指出:"高等学校校园文化是社会主义先进文化的重要组成部分。加

强校园文化建设对于推进高等教育改革发展、加强和改进大学生思想政治教育、全面提高大学生综合素质,具有十分重要的意义。"

高等职业教育作为高等教育发展中的一个类型,肩负着培养面向生产、建设、服务和管理第一线需要的高技能人才的使命。高等职业教育自身的定位,决定了高职院校校园文化与本科院校、中小学校的校园文化之间必然存在较大的差异。我们应当如何对高职院校校园文化进行准确定位,高职院校校园文化应当具有哪些特点,在建设中应遵循哪些规律,急需加以深入地研究。只有当人们对于高职院校校园文化的特点与规律有了清晰的认识,校园文化的重要性才能受到真正的重视,校园文化建设才能真正加以落实,校园文化在高职院校人才培养工作中的作用才能真正发挥出来。

本调研报告在对安徽省高职院校校园文化与企业文化相互融通的现状调查的基础上,旨在通过对高职院校校园文化的定位、特点及与企业文化之间关系的研究,提出符合安徽省省情的高职院校校企文化融通建设方案,为高职院校校企深度合作提供实践指导。

二、问题综述

2016年10月至2016年12月,课题组先后前往安徽职业技术学院、芜湖职业技术学院、安徽商贸职业技术学院、安徽工商职业技术学院、安庆职业技术学院、阜阳职业技术学院等高职院校,合肥学院、黄山学院等地方应用型本科院校,合力叉车集团有限公司、集瑞联合重工有限公司等企业进行广泛的社会调研,整理归纳调研资料和数据,现将调研发现的问题综述如下:

(1)高职院校毕业生的综合职业素养与企业要求之间存在差距。高等职业教育应该以就业为导向,提高学生的就业能力是高职院校的一项重要任务。然而,当前高职院校毕业生的就业形势却不容乐观,高职院校的毕业生就业工作仍然面临巨大的压力。面对生源素质差、培养时间短、培养规格低、社会认知度不高等客观问题,努力提高高职院校毕业生的就业能力成为当前高等职业教育工作的一项重要内容。

本课题组成员多年在高等职业教育一线从事专业教学及思想政治工作。工作中我们发现,与高职院校面临严峻的就业形势相对应的是,企业普遍反映高校应届毕业生"不好用",宁可招聘具有两年以上工作经验的往届生。企业对于应届毕业生的抱怨不仅是因为其技术水平低、工作经验不足,更多的是对其工作责任心、敬业精神、团队意识等综合职业素质的不满。而应届毕业生也普遍反映刚进入企业时感到环境十分陌生,甚至无所适从。这种陌生感不仅是因为对岗位技能的不熟悉或缺乏工作经验,更主要是因为无法适应企业的工作环境、规章制度、人际关系等。此外,我们还发现,一些规模较大的企业对于招聘的应届毕业生通常要进行数天至数周不等的职业培训,培训的主要内容并不是关于技术技能方面,而主要加强对新进员工职业道德、工作纪律、职业素质的教育。针对高职院校毕业生综合职业素质普遍较低的问题,高职院校负责就业创业的职能部门应开设专门面向应届毕业生的培训课程,主要内容是使学生熟悉企业文化,形成正确的职业观,并进行有关职业素质的学习和拓展训练。

课题组认为,学生综合职业素质的培养应该是高等职业教育的本职工作,如果学生在毕业以后才由企业或是社会培训机构进行综合职业素质及企业文化的补课、"回炉",是一种不正常的现象,甚至可以说是教育的失职。课题组认为:高职院校毕业生对于工作岗位的不适应,不仅表现在其对于技术要求的不适应,还表现为对于企业文化的不适应;当前高职院校学生的综合职业素质与企业要求之间存在差距的原因,主要是学生综合职业素质的培养工作并没有真正与企业文化接轨。加强学生就业能力,不仅要提高学生的专业技术水平,还应当让学生能尽早接触、尽早适应企业文化,实现校园文化与企业文化的融通,适应企业文化对学生综合职业素质的要求。

（2）高职院校校园文化建设工作亟待加强。课题组发现，当前高职院校在人才培养工作中着重的是知识的传授和技能的训练，强调学生应掌握岗位工作所需的技能，而对于学生职业综合素质的培养和职业能力的训练却没有引起足够的重视。虽然高职院校普遍开设了就业指导课，但这些课程对于提高学生的综合职业素质所发挥的作用较为一般。学生的职业综合素质也不可能仅通过一两门课程就能提高，而应当通过建设具有高等职业教育特色的校园文化在高等职业教育的全过程中潜移默化地得到培养和提高。

由于办学时间短、历史积淀少以及重视程度不够等诸多原因，高职院校的校园文化建设与本科院校相比显得较为滞后，校园文化在高职院校人才培养工作中所应发挥的作用并没有得到充分的体现。我们认为，目前高职院校校园文化建设主要存在以下几方面问题：一是重视程度不够。不少高职院校对校园文化的建设没有目标、没有规划，更谈不上设立专门机构、划拨专门的经费，安排专人进行研究与建设。在各高职院校的工作计划中，也很少见到专门针对校园文化建设的内容。归根结底，还是管理者对校园文化在高等职业教育中的作用缺乏认识，对校园文化建设的重视程度不够。二是特色不够鲜明。高等职业教育以培养技术技能人才为根本任务，高职院校校园文化建设同样应当紧密围绕这一根本任务进行。然而，由于高职院校校园文化建设的时间普遍较短，既缺乏理论指导，又缺乏实践经验，不少高职院校便照搬本科院校校园文化建设模式，如一些高职院校的学校精神与本科院校相差无几，校园环境缺乏职业氛围，校园科技文化活动与企业实际严重脱钩，没有能够充分体现高等职业教育的办学特色。三是形式化、表面化。校园文化建设是一项系统工程，需要建设者从学校精神、环境、制度等各方面进行规划、部署、落实，需要学校所有学生及教职员工的积极参与，不仅要有丰富多样的形式，更要有深厚的内涵。然而，不少高职院校的管理者至今仍将校园文化建设狭义地理解为贴几条标语，搞几次文体活动，表面上看起来热热闹闹，实际上并没有获得多少效果。四是未能充分发挥教职员工的主体作用。校园文化建设的主体不仅是学生,还包括学校所有的教职员工。教职员工在校园文化建设中往往能发挥更为重要的引导作用。"校园无小事,事事皆教育;职工无高低,人人是老师",学校的领导、教师、职工,甚至食堂师傅,他们的一言一行均在对校园文化产生潜移默化的影响。然而,一些高职院校只是简单地认为校园文化建设就是团委、学生处的事,或是学生社团的事,忽视了教职员工的主体作用,没有让教职员工充分参与到校园文化的建设中来。

课题组认为,建设具有高等职业教育特色的校园文化,通过充分发挥校园文化的育人功能,是提高高职院校学生综合职业素质的一项重要举措。这一教育过程不仅发生在课堂中,也在课堂外;不仅在于学生有意识地接受教育,还在于学生无意识地得到熏陶;不仅有教师担当,还有校园的每个教职员工、学校的工作习惯、规章制度、教室和实训室的建筑格局等,均无时不在发挥着教育的功能。

三、改进措施

高职院校的培养目标是以服务为宗旨,以就业为导向,以行业、企业、社会区域为依托,面向基层、面向生产、服务和管理第一线职业岗位的技术技能人才。高职院校校园文化建设,应突出"职业"的特色,融进更多的职业特征、职业技能、职业道德、职业理想、职业人文素质。既要重视高职院校作为功能独特的文化教育机构应具有的文化品味、独立品格和价值追求,更应注重适应社会、融入社会,学术气氛与实践氛围相辅相成的职业教育文化,为培养合格的、具有较好综合职业素质的人才创造优良环境。

近年来,企业文化与校园文化之间的关系逐渐引起了高等职业教育工作者的重视。站在高职院校校园文化建设的角度,对于企业文化分别有"借鉴说""渗透说""融合说"等几种提法。所谓借鉴,是一种主动的做法,即参考、学习、借鉴企业文化建设的一些好的元素、方法、手段,建设符合高等职业教育特点的校园文化;所谓渗透,即通过校企合作、工学结合等多种手段,使企业文化在不知不觉中渗透进校园文化中,使高职院校校园文化越来越具有企业文化的某些特点;所谓融合,即强调校园文化与企业文化之间的交流与互动,促进两种文化之间的相互融合,减小之间的差异。实际上,无论是借鉴、渗透还是融合,其目的均只有一个,即增强学生对于企业文化的适应性,提高学生适应岗位的职业能力与素质,最终目的仍是实现毕业生从学生到职工之间的平稳过渡,达到"无缝对接"的目的。

课题组认为,由于学校重在教育,企业重在管理,校园文化与企业文化相比在功能、环境、条件、建设方法等很多方面均不尽相同,有其自身的特色与规律。要减小校园文化与企业文化之间的矛盾与冲突,就要在高职院校校园文化的建设过程中对企业文化综合采用借鉴、渗透、融合等做法。校企文化深度融通,紧紧抓住"人"这一关键因素,将能适应企业文化、参与企业文化建设并推动企业文化发展的高素质技术技能人才的培养工作作为两种文化融通的"接口",通过建设具有高等职业教育特色的校园文化,培养学生的职业能力和职业素养,形成正确的职业价值观,使毕业生快速、顺利地融入企业文化,从而实现校园文化与企业文化的"无缝对接"。

(1)产教融合推进校企文化融通。高职院校应立足地方产业发展规划,面向区域产业转型升级需求,联合政府、行业协会、企业、科研机构、中职及应用性本科院校,参与集团化办学,利用安徽省示范性高职院校合作委员会(A联盟)、安徽省商科高职院校与企业合作教育联盟、安徽省市属高职院校联盟及部分市职业教育联盟、安徽省学前教育专业(专科)联盟等平台,激发学校办学活力,促进优质资源开放共享。合作过程中,积极引入企业资源,充分挖掘校企合作内在契合点,建立"校企共融、文化共育、价值趋同"的文化交流平台和基于"情感和文化融合"的沟通机制,促进彼此间沟通和理解;积极落实文化强国发展战略,培育文化自信根基,广泛设立人文社科研究基地,构筑高职院校校园文化与企业文化融通高地。在国家出台相关政策和法律促进校企合作的基础上,根据安徽省实际情况,建立与完善有利于推动产教整合、校企合作发展的一系列政策法规,制定相应管理办法,使校企合作有法可依、有章可循:引导、鼓励与支持企业参与职业教育,提高企业参与的主动性和积极性,形成多元化的资金来源,实现投资主体多元化。如安徽商贸职业技术学院依托校企合作理事会,积极推进校企合作办学,服务商业发展。该院与荣事达集团创建了董事会体制下的"荣事达阳光学院",与顺丰速运合作成立"顺丰班",与相关企业合作创建了11个艺术设计类企业化工作室。该院在合作企业中创建了多个企业教师工作站,全年派遣了11名教师进驻教师工作站为企业开展各种技术服务。该院组建的现代服务业技术服务中心,面向现代服务业开展物流规划、管理咨询、营销策划、资产评估等服务,实现技术服务收入350万元;为浙江人本超市有限公司、合肥荣事达太阳能科技有限公司等合作企业提供卖场管理技能、市场营销管理、会计操作实务等实践操作技能培训,培训人次达9036人次;面向社会开展43个工种的技能培训和鉴定工作,全年累计完成23654人次的鉴定培训工作。六安职业技术学院以安徽大别山职业教育集团为依托,充分发挥高职院校的引领作用。该院通过多方协作,完成与六安市域5县3区政府签订职教战略框架协议,建立六安职业技术学院各县区分院,实现职教专业合理布局,进一步扩大区域职业教育规模,实现中高职在培养通道、课程体系、技能培养、师资建设、基地建设的有效衔接。

(2)创新创业引领校企文化融通。创业是更高层次的就业,要营造创新创业文化氛围,积极倡导敢为人先、宽容失败的创新文化,树立崇尚创新、创业致富的价值导向,大力培育企业家精神和创客文化,将奇思妙想、创新创意和"金点子"转化为创业行动;要深入探析高等职业教育对企业文化的需求,着力营造企业育人情境和氛围,积淀丰富的创新创业文化,组建由创新创业教育教师以及企业、专家组成的创新创业导师团参与学生创新创业工作,从而实现可持续发展;要优化大学生创新创业训练体系,开展大学生创新创业训练指导,设立"讲堂班""沙龙班""体验班"等教育项目,开发"模拟班""特训班""深造班"和"游学班"等独具特色的创业班,培养有强烈创业意愿的同学成为创业"种子选手"和"创业引领者";要以创业带就业,完善大学生创业模拟实训中心、大学生创业孵化基地、大学科技园建设,强化孵化器功能,吸引各类创业投资,引导和推动创业孵化与教科研技术成果转化相结合,完善技术支撑服务体系;还要不断完善《大学生科技创新工作管理办法》等规章制度,并投入专项资金建设创客空间、创新工场,为学生创新创业提供硬件保障,推进专业实训室等各类创新资源向学生免费开放,为大众创业、万众创新提供有力支撑。如安徽机电职业技术学院高度重视大学生创新创业教育,紧扣办学定位和人才培养目标,紧密结合机电类专业特点,形成了"面向全体、因材施教、结合专业、注重实践"一个基本理念,构建了"通识课程、技能课程和实训课程"三层课程体系,搭建了"技能竞技、项目牵引、创业孵化、科技交流"四个实践平台,强化了"组织机构、激励制度、导师团队、服务机制"四个保障措施,通过理论研究和实践探索,在借鉴已有的大学生创新创业教育模式的基础上,构建了基于"专业+"的高职院校1344创新创业教育模式。该院每年设立10万元的大学生创新创业专项资助经费,投入60余万元在校内建立了"大学生创业孵化基地""大学生创新工作室"和"大学生创业实训超市"。大学生创业孵化基地内已有140余名学生,共30多个创业孵化项目在进行孵化。该基地已通过安徽省人力资源和社会保障厅的验收,先后被评为安徽省AA级大学生创业孵化基地、芜湖市创业富民孵化基地。校外与芜湖市弋江区人民政府合作共建了安徽省首个高职院校大学科技园——弋江机电科技园,助力地方经济发展。安徽财贸职业学院依托行业办学优势和"安财"的品牌优势,先后建立了"安徽财贸职业学院大学生创业园""安徽财贸职业学院茂源营销策划咨询公司""北京创先泰克科技有限公司应用电子专业工作站""安财贸艺术工作室"等4个大学生创业孵化基地。"大学生创业园"等大学生创业孵化基地建立以来,先后接纳了16批约1600名大学生进园开展创业实践,一批批大学生正是从这里出发,毕业后踏上成功创业的征程,学院"大学生创业园"等创业基地被同学们亲切地称赞为"创业者的摇篮"。

(3)技能大赛拓展校企文化融通。近年来,安徽省将各类技能大赛引入教学环节,实施弹性学分制,鼓励以赛代教、赛教一体、以赛代考、赛考一体、进行学分折算。2016年,安徽省先后举办全省职业院校职业技能大赛等一系列的省级比赛,使大学生感受企业文化、认同企业文化,提升高校专业特色和知名度,提高了学生的创新创业意识和职业发展能力;积极争取安徽省再次成为全国职业院校技能大赛分赛区,指导安徽机电职业技术学院机械设备装调与控制技术赛项、安徽水利水电职业技术学院成功举办英语口语赛项的国家比赛,获得参赛院校和教育部的一致好评。安徽省高职院校代表队在2016年全国职业院校技能大赛上获得114个奖项,获奖率达81.6%,比全国平均水平高出21.6%,在全国再次名列前茅。如安徽工商职业学院高度重视技能竞赛工作,建立了院级、省级、国家级"三级"竞赛机制,加大力度、强化措施、搭建竞赛平台,有力地促进了学生技能水平的提高。同时,该院注重强化技能大赛的普惠和成果转化,技能大赛对该院师资队伍建设、校企合作、实训基地建设、课程改革等教学改革的各个领域起到了巨大的推动作用。而且,不断成长的师资队伍、良好的实训环境、深度融合的校企合作也成为该院在各级技能比赛中不断取得优异成绩的重要保障。各专业积极总结技能大赛经验,进一步推动了技能大赛对该院教学改革的引领作用,实现了技能大赛与教育教学改革之间的良性互动。安徽国防科技职业学院大力推进"以赛促学、以赛促教",把参加职业技能大赛作为全面提高实践教学水平和学生技能的一个重要手段、作为检验教育教学质量的重要平台、作为专业实践教学的有效延伸。专业教学改革和技能大赛相结合、"双师教师"与"双证学生"相结合、全面参与和重点项目突破相结合,是该院在各级职业技能大赛不断取得突破的制胜法宝。

(4)信息化建设提升校企文化融通实效。近年来,为落实安徽省人民政府印发的《安徽省教育信息化中长期发展规划(2013—2020年)》,安徽省高职院校按照"统筹规划,分步实施;整合资源,共建共享;校企合作,多元参与;重点突破,示范引领;强化应用,突出特色"的策略,加快推进职业院校数字化校园建设,全面推进信息技术在职业教育教学、实训、科研、管理、服务等方面的广泛应用,推动优质职业教育资源的开发和共享、优势互补、合作办学,资源效益和服务效率的最大化;以信息化改造传统职业教育人才培养模式,促进职业教育与产业发展对接,校园文化与企业文化融通,支撑高素质技术技能人才培养。2016年,成功举办安徽省高职院校信息化教学大赛,并在全国职业院校信息化教学大赛中获得5个一等奖、1个二等奖和6个三等奖,取得历史最好成绩。这一成绩的取得,看似偶然,实则来自各高职院校的高度重视,做了许多基础性的工作。如安徽水利水电职业技术学院充分发挥现代信息技术作用,积极探索和构建信息化环境下的教育教学新模式。2015年,该校以省属高职院校发展建设项目为契机,对校园信息化建设项目总投入1100万元;利用现代信息技术实现校内多媒体教学全覆盖,新增了80个随堂多媒体同步录播点,增设和完善了校内网络多媒体教学服务平台、远程在线学习辅导平台、顶岗实习管理平台和教科研项目管理平台;还与黄河水利职业技术学院、杨凌职业技术学院共同开发了水利水电工程建筑专业的数字化教学资源库。芜湖职业技术学院在开放式网络资源平台建设中,强调以专业建设为中心,与课程改革相结合,鼓励专业课教师借助资源平台开发线上课程。该校信息工程学院唐贤传老师主持的《App Inventor应用开发》作为全国高职院校首批登录"学堂在线—高职联盟慕课平台"的五门课程之一,率先在清华学堂上线MOOC课程,2015年3月16日面向全国学生正式开课,反响热烈。

(5)文化育人提升校企文化融通认知度和认同感。安徽省高职院校在注重知识和技能培养的同时,坚持文化育人的教育理念,注重学生的人格塑造和职业素养教育,提升学生综合职业素养;促进产业文化和优秀企业文化进校园、进课堂,引导学生树立立足岗位培训、增强本领、服务群众、奉献社会的职业理想,培养崇尚劳动、敬业守信、创新务实的职业精神。如宣城职业技术学院大力开展企业文化进校园活动,在冠名"慈兴班"中,渗透慈兴文化。该院专门针对"慈兴班"开设了"企业特征的校园文化"研究课题。慈兴集团每年拿出10万元的"慈兴集团奖学金"。为鼓励引导"慈兴班"学员到集团所属企业就业,"慈兴班"学员每月发放300元学历补贴,且在"慈兴班"就读期间均可计算工龄补贴。安徽职业技术学院举办以"奋斗的青春最美丽"为主题的第二届技能文化节,开展了"文化节吉祥物设计大赛""电子设计大赛""挑战杯推介活动进系部""挑战杯创业大赛""三走活动—大型集体舞比赛""职业生涯规划大赛""跳蚤市场营销活动"等26项丰富赛事。这些文化节活动,有效提高了学院学生的创新能力和技能水平,营造出学院团结奋进、朝气蓬勃的文化氛围。黄山职业技术学院发挥黄山地区"徽文化"内涵和得天独厚的旅游资源优势,传承徽文化,打造徽品牌。该院利用古徽州的深厚文化积淀和黄山茶产业,打造一批传承新安医学、徽派园林、徽派建筑、徽雕、徽菜、徽商、徽剧、新安画派等带有浓郁徽派印记的专业群,努力形成一批以旅游服务、旅游保健、餐饮管理为特色的旅游专业集群,为本地及周边地区培养了大量适宜的旅游服务技术技能人才,为徽文化传承奠定了人才基础。

校园文化与企业文化之间存在的差异,使长期处在一种与社会相对脱离、又独具特色的校园文化氛围中的高职院校毕业生,与完全陌生的企业文化间产生剧烈的冲突,这种冲突必然影响高职院校毕业生对于工作岗位的适应能力。为企业培养具有较强岗位适应能力的技术技能人才是高等职业教育的特点,人才培养的目标决定了高职院校校园文化应有别于其他学校,应具备自身鲜明的特色。高职院校学生应具备对企业文化的适应能力,在此基础上,还应当具备参与推动企业文化建设与发展的能力与素质。高职院校办学应与就业市场实现"零距离"对接,高职院校校园文化同样应当与企业文化做到顺利融通,这对于提高高职院校人才的就业能力,提高高职院校教育质量具有重要的意义。

附录二 高职院校学生对校园文化与企业文化融通情况问卷调查

请您在最符合您情况的选项字母符号上划"√"或在横线上填写。

1.您是大几的学生？

    A.大一   B.大二   C.大三

2.您认为校园文化仅仅是课外活动吗？

    A.是   B.不是

3.您认为校园文化应该包括哪些内容？(多项选择)

    A.物质文化   B.制度文化   C.行为文化   D.精神文化

4.你从学院的校训校徽等感受到学院是培养技术技能型人才的学校吗？

    A. 能感受   B. 感受一点   C. 感受不到

5.您是否觉得学院校园文化中有企业文化的影子？

    A.有   B.有一点   C.没有

6.您认为学院是否有必要对企业文化进行宣传？

    A.有必要   B.没必要

7.您认为学院是否有特色鲜明的关于企业文化的宣传栏？

    A.有   B.有一点   C.没有

8.学院是否经常有与企业文化有关的各种活动和讲座？

    A.经常   B.偶尔   C.从不

9.您对学院的校园文化与企业文化融通的情况满意吗？

    A.满意   B.不满意

10.学院是否经常组织你们到企业参观、学习？

    A.经常　　　　B.偶尔　　　　C.从不

11.学院教师是否会经常给你们普及企业文化？

    A.经常　　　　B.偶尔　　　　C.从不

12.您对您所在学院的校园文化与企业文化融通的情况了解吗？

    A.比较了解　　B.了解以点　　C.不了解

13.您认为校园文化与企业文化的融通应该包括哪些方面？（多项选择）

    A.物质文化方面的融通　　　B.制度文化方面的融通

    C.行为文化方面的融通　　　D.精神文化方面的融通

14.您所在的学院是用哪些模式与企业进行对接的？（多项选择）

    A.校企合作模式　　　　　　B.订单式

    C.工学结合模式　　　　　　D.其他

15.请您结合自身对校园文化与企业文化的了解谈谈校企文化融通？

    _____

    _____

    _____

16.您认为校企文化融通中存在的问题有哪些？能否针对这些问题提出解决方法呢？

    _____

    _____

    _____

问卷到此结束,再次感谢您的支持和参与！

附录三　高职院校教师对校园文化与企业文化情况问卷调查

请您在最符合您情况的选项字母符号上划"√"或在横线上填写。

1.您觉得学院的校园文化仅仅是课外活动吗?

　　A.是　　　　　B.不是

2.您认为学院校园文化应该包括哪些内容呢?(多项选择)

　　A.物质文化　　B.制度文化

　　C.行为文化　　D.精神文化

3.你认为学院的校园文化有特色吗?

　　A.有　　　　　B.有一点　　　　C.没有

4.您觉得学院有校园文化与企业文化的融通吗?

　　A.有　　　　　B.有一些　　　　C.没有

5.您认为学院有企业文化宣传吗?

　　A.有　　　　　B.有一点　　　　C.没有

6.您认为学院校园文化与企业文化有融通的必要吗?

　　A.有必要　　　B.没必要

7.您认为目前学院的校园文化与企业文化有融通吗?

　　A.有　　　　　B.有一点　　　　C.没有

8.学院是否经常组织人员到企业交流学习经验?

　　A.经常有　　　B.偶尔有　　　　C.没有

9.您觉得学院的校园文化与企业文化融通的现状如何?

　　A.物质文化方面有融通　　　B.制度文化方面有融通

　　C.行为文化方面有融通　　　D.精神文化方面有融通

　　E以上四种都有

10.您对学院的校园文化与企业文化融通的情况满意吗?

　　A.满意　　　　B.不满意

11.您觉得影响学院的校园文化与企业文化融通的因素有哪些?(多项选择)

　　A.高职院校自身因素　　　B.高职院校学生素质问题

　　C.企业的问题　　　　　　D.政府的因素　　　E社会因素

12.您觉得学院的校园文化与企业文化融通的原则有哪些?

　　A.主体性原则　　　　B.系统性原则

　　C.选择性原则　　　　D.以上三者都有

13.您觉得学院的校园文化与企业文化融通的方式有哪些?(多项选择)

　　A.工学结合　　　B.产学结合　　　C.校企合作订单式　　　D.其他

14.您认为校企文化融通中存在的问题有哪些? 能否针对这些问题提出解决方法呢?

　　————————————————————————————

　　————————————————————————————

15.您能对高职院校校园文化与企业文化融通的方式、途径提出宝贵的建议吗?

　　————————————————————————————

　　————————————————————————————

问卷到此结束,请您检查下有无遗漏,再次感谢您的支持和参与!

附录四　用人单位对毕业生需求调查问卷

尊敬的用人单位领导：

您好！非常感谢您一直以来对安徽机电职业技术学院就业工作的关注和支持！为掌握学院人才培养和毕业生就业工作等相关情况，准确了解贵单位对毕业生的需求情况，特开展本调查。本问卷仅用于研究和改进我院人才培养和毕业生就业工作，我们会为您提供的一切信息保密。对您的支持深表感谢！

安徽机电职业技术学院

招生就业处

一、贵单位基本信息

1.贵单位名称：_____;联系人：_____;电话：_____

2.贵单位地址：_____

3.贵单位性质：_____

(A)国有企业　(B)民营企业　(C)外资或合资企业 (D)政府部门或事业单位

(E)科研机构　(F)高等院校　(G)其他,请注明

4.贵单位所在行业：_____

(A)机械制造　(B)汽车制造　(C)信息产业　(D)文化教育　(E)农、林、牧、渔业　(F)商业贸易　(G)住宿、餐饮　(H)建筑房产　(I)其他,请注明：

5.贵单位现有规模：_____

(A)50人以下　(B)50—99人　(C)100—499人　(D)500—999人

（E）1000—4999人　（F）5000人以上

6.在贵单位工作的安徽机电职业技术学院毕业生数_____人。其中高层领导_____人,中层领导_____人,基层管理_____人。如有先进事迹,请简要说明:

姓名:_____,岗位:_____,职务:_____,联系电话:_____。

事迹简介:

_____

_____

_____

二、贵单位对毕业生的需求情况

7.贵单位用人计划大约在何时:_____

（A）1—3月　（B）4—6月　（C）7—9月　（D）10—12月

8.贵单位一般采取的招聘方式是(可多选):_____

（A）到学校专场招聘　（B）参加学校大型招聘会　（C）参加社会上大型供需见面会、人才市场招聘　（D）在互联网、报纸等媒体发布招聘信息

（E）经人推荐介绍　（F）其他,请注明

9.贵单位今年需求毕业生人数为_____人。

10.贵单位对我院哪些专业毕业生需求较多,(按需求人数排序)第一位_____,第二位_____,第三位_____。

（A）电气类专业　（B）机械类专业　（C）数控类专业　（D）汽车类专业类　（E）经贸管理类专业　（F）信息类专业　（G）人文类专业

11.贵单位安排我院毕业生从事的工作岗位主要是:_____

（A）技术类　（B）管理类　（C）研发类　（D）营销类　（E）其他,请注明

12.贵单位聘用我院毕业生支付的起薪(元/月):_____

（A）1000以下　（B）1000—1500　（C）1500—2000　（D）2000—3000

（E）3000 以上

13.贵单位是否计划在我院设立奖学金或以其他方式捐资助学：＿＿＿＿＿＿

（A）是　（B）否

14. 是否有意向与我校合作,采用订单式等人才合作培养模式,培养贵公司所需人才？＿＿＿＿＿＿

（A）有意向　（B）根据情况以后再说　（C）不需要

15.贵单位在招聘毕业生时对下列因素的重视程度:（在表上相应的格中划勾）

看重因素	(A)非常看重	(B)比较看重	(C)一般	(D)不看重
学历层次				
所学专业				
学校声誉				
毕业学校				
学习成绩				
竞赛获奖				
个人能力				
性格特点				
学生干部				
面试表现				
生源地区				
文体特长				

其他您认为重要的因素是：＿＿＿＿＿＿＿＿＿＿＿＿＿＿＿＿＿＿＿＿＿

三、贵单位对我院毕业生的评价

16.贵单位对我院毕业生总体评价是：＿＿＿＿

（A）非常满意　（B）比较满意　（C）一般　（D）不满意

17. 贵单位对我院毕业生能力素质评价:

能力素质	A.非常满意	B.比较满意	C.一般	D.不满意
思想品德				
职业操守				
敬业精神				
团队意识				
竞争意识				
心理素质				
知识结构				
专业能力				
外语、计算机水平				
组织协调能力				
科技创新能力				
实践动手能力				
人际交往能力				

其他您认为重要的能力和素质:＿＿＿＿＿＿＿＿＿＿＿＿＿＿＿＿＿＿＿

四、其他

18. 贵单位对我院学生培养、毕业生就业工作等方面工作的意见和建议。

＿＿＿＿＿＿＿＿＿＿＿＿＿＿＿＿＿＿＿＿＿＿＿＿＿＿＿＿＿＿＿＿＿

＿＿＿＿＿＿＿＿＿＿＿＿＿＿＿＿＿＿＿＿＿＿＿＿＿＿＿＿＿＿＿＿＿

＿＿＿＿＿＿＿＿＿＿＿＿＿＿＿＿＿＿＿＿＿＿＿＿＿＿＿＿＿＿＿＿＿

衷心感谢您给予我院的大力支持,祝贵单位事业蒸蒸日上!

参考文献

[1]埃德加·H.沙因.企业文化生产指南[M].郝继涛,译.北京:机械工业出版社,2004.

[2]段洪斌.高职校园文化与企业文化对接研究[D].上海:华东师范大学,2010.

[3]高庆.高职学校文化建设与企业文化对接的思考[J].沈阳工程学院学报(社会科学版),2008,4(3):553-556.

[4]韩凯军.高职院校在发展建设中借鉴企业文化的研究[D].石家庄:河北师范大学,2010.

[5]教育部.教育部关于深化职业教育教学改革全面提高人才培养质量的若干意见[EB/OL].(2015-7-27)[2018-10-8].http://www.moe.gov.cn/srcsite/A07/moe_953/201508/t20150817_200583.html.

[6]康练.高职校园文化与企业文化对接的研究[D].长沙:湖南师范大学,2013.

[7]雷久相.高职校园文化与企业文化的渗透研究[D].长沙:湖南农业大学,2009.

[8]雷久相.推进校企文化对接 培养优秀技能人才[J].思想政治工作研究,2008(4):37-37.

[9]李良.高职校园文化与企业文化融合研究[D].苏州:苏州大学,2011.

[10]李良玉.谈高职院校校园文化与企业文化的渗透与融通:以黄河水利职

业技术学院为例[J].职教论坛,2013(11):18-20.

[11]李平权.校企文化的融合路径:对接、整合与引领[J].中国职业技术教育,2017(2):40-44.

[12]李昱瑾.高职院校校企文化融合存在的问题与对策研究:以H职业学院为例[D].石家庄:河北师范大学,2018.

[13]卢诗强.高职院校校园文化建设要积极引入企业文化[J].中国校外教育:理论,2009(7):111.

[14]卢文涛.校企文化对接研究[M].长沙:国防科技大学出版社,2012.

[15]罗先奎.高职院校校园文化与企业文化对接融合的路径[J].扬州大学学报(高教研究版),2013,17(1):70-73.

[16]马树超,郭扬.高等职业教育:跨越·转型·提升[M].北京:高等教育出版社,2008.

[17]宁勇敏.高职院校校园文化与企业文化的融通[D].上海:复旦大学,2008.

[18]秦敏,刘武周.高职院校校企文化融合探索[J].新疆职业大学学报,2018(1):21-23.

[19]王建国,杨建强.大学校园文化内涵的营造与提升[M].南京:东南大学出版社,2009.

[20]吴高岭,余敏.高职校园文化与企业文化多元融合的意义及途径[J].湖北社会科学,2013(5):171-174.

[21]吴娴.校企文化互动与高职学生的素质提高[D].南昌:江西师范大学,2010.

[22]项海涛.高职校园文化与企业文化对接机制研究[D].呼和浩特:内蒙古大学,2014.

[23]徐峥.高职院校校企文化融合的研究综述[J].南通职业大学学报,

2013，27(1):38-42.

[24]杨燕.对高职院校校园文化与企业文化融合的认识与实践[J].教育探索，2010(11):31-32.

[25]姚琳莉.高职院校企业化校园文化建设途径探讨[J].职业教育研究，2010(1):24-25.

[26]佚名.更好支持和帮助职业教育发展 为实现"两个一百年"奋斗目标提供人才保障[N].人民日报，2014-6-24(1).

[27]余祖光.把先进工业文化引进职业院校的校园[J].工业技术与职业教育，2010，8(3):1-5.

[28]张婷.高职校园文化与企业文化的对接研究:以天津滨海职业学院为例[D].天津:天津大学，2009.

[29]章艳华，朱祥贤.企业文化对高职校园文化建设的影响与渗透[J].高等职业教育:天津职业大学学报，2007(6):30-32.

[30]周静，张莹，刘福军.职业教育校企文化融合研究综述[J].职教论坛，2017(26):46-51.

[31]朱传福，黄延平.高职教育校企文化融合的错位、重构与对接[J].职教论坛，2018(1):158-162.

[32]朱发仁.高职院校"企业化"校园文化研究[M].成都:电子科技大学出版社，2007.

[33]朱厚望.协同创新理念下高职校企文化融合的路径探析[J].中国职业技术教育，2016(13):83-85.

后　记

临近岁末,万象更新。书稿眼看就要"杀青"了,此刻,我感慨颇多。书稿的撰写过程,我流过辛劳的汗水,有过收获的喜悦,但它留给我更多的是感动。在这里,我有幸聆听了职业教育老一辈生动精彩的阐述,知名企业领导对校企合作、工学结合的孜孜追求,高职院校教师对选择职业教育的无怨无悔。

本书在写作过程中得到了东南大学、南京师范大学、安徽师范大学、安徽工程大学以及安徽省职业与成人教育学会、安徽和谐传统文化研究院、芜湖市历史文化研究会等专家教授的指点帮助。他们具体的指导和耐心的解释,使我知道了学术之路的艰难,同时也让我体味到了其中的无限乐趣。

此外,感谢安徽职业技术学院、安徽工商职业学院、安徽商贸职业技术学院、芜湖职业技术学院、安庆职业技术学院等高职院校和安徽合力叉车集团、集瑞联合重工有限公司等企业提供的大量珍贵资料!感谢任劳任怨、含辛茹苦的父母和家人的无私照顾与支持,寸草之心难报春晖!

由于本书涉及面广,加之时间仓促,书中难免有不足之处,恳请专家和读者批评指正!

王荣才

2018 年 12 月于安徽芜湖